OLAF OLTMANN

Das Blühen der Pflanzen

OLAF OLTMANN

Das Blühen der Pflanzen

Geistige Schulung
an der Natur

VERLAG FREIES GEISTESLEBEN

Die Deutsche Bibliothek – CIP-Einheitsaufnahme

Oltmann, Olaf:
Das Blühen der Pflanzen: geistige Schulung an der Natur /
Olaf Oltmann. – 1. Aufl. – Stuttgart:
Verlag Freies Geistesleben, 1996

ISBN 3-7725-1546-0

1. Auflage 1996

Schutzumschlag: Walter Schneider unter Verwendung
des Bildes «Blühende Mandelbaumzweige» von Vincent van
Gogh. © Rijksmuseum Vincent van Gogh, Amsterdam
Druck: WB Druck, Rieden

Inhalt

Vorwort 9

I Die Blühstile der Pflanzen als Bilder der Seelenwelt . . 13

Pflanzengestalt und Bestäubungsart 13

Prototypen der Bestäubung: Lilien, Gräser, Orchideen 15

Die Blüte als Antwort auf die Bestäubungsart – das Doppelte Gesetz Goethes 23

Die Blumentypen der Pflanzenwelt 28

Bienenblumen und Fliegenblumen 29

Wespen und Wespenblumen 39

Tagfalterblumen und Fledermausblumen 43

Nachtfalterblumen und Vogelblumen 48

Käferblumen. Die Rose und der Wein 57

Die Blühstile der Pflanzen als physiognomischer Ausdruck von Seelischem 65

«Ästhetische Bildung» im naturkundlichen Unterricht 65

Sinnfrage gegenüber der Natur und Erkenntnismethoden 68

Seelenregungen als seelische Gebilde 70

Geistige Schulung an der Natur 73

Betrachtung des Blühstils einer Einzelpflanze: Der Winterling als physisches Bild des Staunens 76

Betrachtung der Blühstile von Pflanzengruppen: Die sieben blütenökologischen Typen als Bilder menschlicher Seelenschichten 80

II Der Blütenstaub im Gestaltwandel der Pflanze 88

Die Entwicklung der Einzelpflanze (Ontogenie) 88

Die innere Identität von Staub- und Fruchtblatt, von Pollensack und Samenanlage 88

Die Polarität von Staubblatt und Fruchtblatt 93

Die besondere Qualität der pflanzlichen Metamorphose im Blütenbereich 96

Die Evolution der pflanzlichen Verstäubung 99

Arten des Stäubens bei den Farnen 102

Der Pflanzentypus in seiner Ausprägung als Farn und als Blütenpflanze 105

Verstäubung und Geschlechtlichkeit in der pflanzlichen Evolution – vier Entwicklungslinien 112

1. Geschlechtlichkeit 112

2. Zunehmende Trennung von vegetativem Wachstum und Wachstum über das Individuum hinaus 121

3. Fortschreitende Verinnerlichung des Wachstums der Einzelpflanze und des Wachstums der Generationenkette (der Fortpflanzung) 122

4. Umgestaltung des Generationswechsels – Verinnerlichung der Geschlechtspflanze (Gametophyt) 130

Das Pflanzenwachstum als Bild stammesgeschichtlichen Werdens von Welt und Mensch 130

III Geschlechtlichkeit, Fortpflanzung und Wachstum der Pflanze – Elemente einer künftigen Naturbetrachtung bei Runge, Schelver, Henschel, Goethe und Steiner 132

Entwicklung der Idee von Wachstum, Fortpflanzung und Geschlechtlichkeit der Pflanze im Werk Rudolf Steiners von 1882 bis 1917 133

1882: Bearbeitung der Anschauungen von Goethe, Schelver und Henschel 133

Deutung und Weiterführung der 1882 bearbeiteten Anmerkungen 136

Geisteswissenschaftliche Sicht der Evolution – das Christliche bei Goethe 138
Naturordnung und moralische Ordnung in einer Naturwissenschaft der Zukunft 140
Das Besondere der pflanzlichen Geschlechtlichkeit 142
Die Idee der Pflanze bei Philipp Otto Runge 145
Goethe und Runge 146
Runges Streben nach erkennender Durchdringung seines künstlerischen Schaffens 150
Pflanzliche Evolution – Die Pflanze als stoffliche Manifestation menschlicher Seelenregungen bei Runge 151

IV Substanz und Form des Blütenstaubs – der Blütenstaub im Lichte der Elementenlehre 156

Allgemeines zur Elementenlehre 156
Blütenstaub und Elemente 159
Schlußbemerkung 164

Anmerkungen 165

Literatur 180

Vorwort

Goethe schrieb vor mehr als 200 Jahren auf seiner italienischen Reise (am 5. Oktober 1787): «Plato wollte keinen *ageometrikos* in seiner Schule leiden; wäre ich imstande eine zu machen, ich litte keinen, der sich nicht irgend ein Naturstudium ernst und eigentlich gewählt.»[1] Vor diesem Hintergrund wenden sich unsere vorliegenden Betrachtungen an jeden Menschen, der sich geistig schulen und vertieft bilden will. Diese geistige Schulung an den Erscheinungen der Welt hat in der Begründung der Anthroposophie eine ähnliche Bedeutung wie bei Goethe. So führt Rudolf Steiner im Vortrag vom 8. 10. 1906 aus:

«Das ist überhaupt der richtige Weg, um in die geistige Welt hineinzukommen: sich recht sinnvoll in die uns umgebende Welt zu vertiefen. Bequemer ist es, auf manche andere Weise in die geistige Welt hineinzukommen, sicherer ist es aber durch das Studium der Erscheinungen, die uns umgeben. Anders spricht ein Mineral, anders eine Pflanze, anders ein Tier, anders ein Mensch – weil alle diese Wesen eben verschiedene Schriftzeichen sind. Wenn Sie sie sinnvoll betrachten, so bringen sie Ihnen Kundschaft aus der geistigen Welt. Daher werden Sie in den rosenkreuzerischen Anweisungen zu einer okkulten Schulung in erster Reihe das Studium unserer Welt angegeben finden, das hingebungsvolle, sinnvolle Betrachten der Welt. Als wir unsere theosophische Bewegung begannen, haben manche gesagt: Was uns der erzählt, kann man auch in jedem naturwissenschaftlichen Buch lesen. Er redet von Abstammung, vom Kampf ums Dasein und so weiter – aber wir wollen doch von den Dingen hören, die in der geistigen Welt vorgehen. – Von diesen Dingen ist vielleicht viel mehr darin, als die Leute, welche es verlangt haben, vertragen könnten. Aber der Ausgangspunkt soll von einem sicheren Verständnis unserer unmittelbaren Wirklichkeit genommen werden, nicht von einem bloßen Beschreiben, sondern von dem sinnvollen Verstehen.»[2]

Der Blick soll in dieser Darstellung mehr auf einen Punkt der Pflanzenbildung gelenkt werden: das Blühen und Verstäuben der Pflanze – aber immer so, daß im Betrachten des Einzelnen die ganze Pflanze anwesend ist. Nicht wie sonst üblicherweise Einzeldarstellungen oder Monographien gefaßt sind, von der Summe in die Teile gehend und innerhalb eines Teilbereichs eine additive Fülle von Einzelheiten darstellend, soll hier vorgegangen werden, sondern in der Betrachtung des Einzelnen, des Exemplarischen soll das Ganze von einem bestimmten Aspekt aus besonders intensiv erlebt werden.

So soll auch stärker ein Üben verschiedener Betrachtungsweisen angeregt werden. Es sollen nicht so sehr die verschiedenen Bildungen der Pflanze im Vordergrund stehen, sondern eben mehr unterschiedliche Arten des Betrachtens – und zwar folgende:

I. Im physiognomischen Betrachten erweisen sich die Pflanzen als Bilder der Seelenwelt, die verschiedenen Blühtypen der Pflanzen als Schichten des Seelischen, wie sie z.B. in der *Theosophie* Rudolf Steiners dargestellt sind.[3] Rudolf Steiner gibt selbst Proben physiognomischen Betrachtens von Einzelpflanzen. Durch das physiognomische Betrachten macht man sein «Vorstellungsvermögen» flüssig und löst «es von den scharfen Konturen des sinnlichen Wahrnehmens los».[4]

II. Im Sinne der Metamorphose erweist sich die primär als physischer, sinnlicher Zusammenhang gegebene Pflanzengestalt auf einer höheren Ebene der Betrachtung als Verwandlungszusammenhang, insofern als man erlebt, daß alle Pflanzenbildungen innerlich identisch sind, «die Pflanze vorwärts und rückwärts» immer nur Blatt ist. Diese Betrachtungsweise verhilft dazu, die Starrheit der Begriffe aufzuweichen, sie flüssig und lebendig zu machen.

III. Weiterhin kann sich das geistige Üben auf ein sorgfältiges Aufgreifen und Verarbeiten der mit Hilfe höherer Bewußtseinsmittel gemachten geisteswissenschaftlichen Anregungen Rudolf Steiners erstrecken:
Bereits als 21jähriger beschäftigte er sich als wissenschaftlich-schriftstellerisch Produzierender mit außerordentlicher Intensität und philologischer Gründlichkeit mit dem Blühen, Stäuben und der Geschlechtlichkeit der Pflanze, ansetzend an dem, was Goethe und seine Zeitgenossen darüber aussagen: der Pflanze sei die Geschlechtlichkeit wie etwas ihr Fremdes mehr oberflächlich aufgeprägt, im Gegensatz zum Tier, bei dem Geschlechtlichkeit etwas ganz anderes sei.
Nach 35 Jahren greift Rudolf Steiner genau diese Thematik wieder auf, seine Anschauungen über den gleichen Gegenstand haben sich unermeßlich geweitet und vertieft.

Einzelnes lese man im dritten Kapitel dieser Abhandlung, hier sei die aus seinen Betrachtungen resultierende Forderung an eine Naturwissenschaft der Zukunft festgehalten: Sie müsse nicht nur die momentane wirkliche Ausprägung der Natur darstellen können, sondern auch eine Wirklichkeitsschicht finden, in der die Natur mögliche Veranlagung ist.
Als ein Anhang zu diesem Kapitel ist das über Philipp Otto Runge Dargestellte anzusehen, da manche seiner Einsichten in die Pflanzenbildung mit Ideen Steiners zusammenstimmen.

IV. Gerade beim Blütenstaub bietet sich an, im Sinne einer erneuerten Elementenlehre das Betrachten zu üben.

Entsprechend dieser vier Betrachtungsweisen ist die Darstellung gegliedert.

Die Federzeichnungen der wichtigsten Blühstile stammen von der Bildhauerin Claudia J. Oltmann. Sie hat diese Aufgabe im Sinne eines künstlerisch-naturkundlichen Projektes übernommen, indem sie sich auch in die naturkundlichen Zusammenhänge der Darstellung eingearbeitet hat. Das gibt den Zeichnungen ihre besondere Qualität.[5]

Olaf Oltmann

I

Die Blühstile der Pflanzen als Bilder der Seelenwelt

Pflanzengestalt und Bestäubungsart

Auf einer Fahrt über einen norwegischen Fjord sahen wir an einem sonnigen frühen Juninachmittag über dem im Schatten liegenden, dicht bewaldeten Südhang eine Rauchwolke aus dem Hangschatten in das Sonnenlicht aufsteigen. Man hätte an einen Waldbrand denken können. Es war der Blütenstaub eines zeitgleich stäubenden Kiefernwaldes, in den eine gelinde Windbö hineingeweht und den Blütenstaub als «Schwefelregen» mitgeführt hatte. Dieser Staub kann sich in unglaublichen Mengen z.B. auf Gewässern schwefelgelb niederschlagen (Abb. 1).

Ein anderes Bild: Wir nähern uns an einem überwiegend sonnigen Tag Ende Mai um die Mittagszeit einer an der Ostsee gelegenen Steilküste: vor uns ein Roggenfeld, als Hintergrund das verblauende Meer und der Himmel. Nachdem der Schatten einer Wolke über das Roggenfeld hinweggezogen ist, löst sich recht unmittelbar und überraschend eine Wolke aus dem Roggenfeld und tritt – von einem Windhauch mitgeführt – vor den blauen Hintergrund, sich verformend und in sich strömend und bewegend. Alle Roggenpflanzen sind zeitgleich aufgeblüht, die »Roggenmuhme» bewegt sich über das Feld, die Wolke von Blütenstaub, «Rauch des Blühens».

Zum Hintergrund dieser Bilder gehören das ätherische

Abb. 1: Stäubende Kiefer (*Pinus silvestris.* Foto H. Straka).

Blau des Himmels und leichter Wind. Das stäubende Blühen, die Wolken von Blütenstaub, die «Windblütler» gehören der aufsteigenden Jahreshälfte an.

Wie anders wird man beeindruckt, wenn man um Johanni an einem warmen stillen Tag unter einer blühenden Linde[6] steht: der süße Duft, das harmonische, wohltuende Summen der Bienen – eine Welt, die stärker von Seelenhaftigkeit, von Innerlichkeit tingiert ist. Oder man steht an einem sonnigen, windstillen Tag Ende April an einem Rapsfeld: Der gesamte Gesichtskreis wird eingenommen von einem intensiv anmutenden, zum Schwefligen tendierenden Gelb; es umfängt einen ein süßlich-schwerer, leicht kohlartiger Geruch – und ist der Tag ganz still und sonnig-warm und friedlich, so taucht man mit seinem Erleben in ein Summen der Bienen, in Tierlaut ein, in dem sich Seelisches ausdrückt, Wohligkeit, Wärme, Ausgeglichenheit. Den Hintergrund eines solchen Blühens bilden immer vom Seelischen tingierte Eindrücke – das Summen der Insekten, die

Farben, die Düfte – bzw. den Betrachter stärker im Seelischen anmutende Eindrücke.

Was man so als vier Skizzen ganz unterschiedlicher Naturerlebnisse am Blühen der Pflanzen im Zusammenhang mit der meteorologischen und tierischen Umwelt entwerfen kann, hier vor allem auf das «Versprühen» der Gestalt in der Bildung von Blütenstaub schauend, hängt nun zutiefst zusammen mit der Gesamtkonstitution der Pflanzen.[7] Vor allem innerhalb der Lilienverwandten (oder Einkeimblättrigen), von denen wir im folgenden Lilien, Gräser und Orchideen betrachten wollen, lassen sich deutlich unterschiedliche Gestaltungsstile dieser Pflanzen im Zusammenhang mit den unterschiedlichen Arten des Blühens herausarbeiten.

Prototypen der Bestäubung: Lilien, Gräser, Orchideen

Die Lilienverwandten bilden einen sehr geschlossenen Typus innerhalb der Blütenpflanzen, d.h. Gräser, Orchideen und Lilien sind Abwandlungen der gleichen Grundidee, besonders auch im Blütenbereich (Abb. 2). Bei ihnen findet man die polarsten Formen des Stäubens: Gräser, Getreide als die allgemeinen Beispiele für Windbestäubung einerseits (Abb. 3a), spezialisierte Verhältnisse zwischen tierischem Bestäuber und Blüte andererseits (Abb. 3b, c). Gerade der Lilientypus mit seinen polaren Abwandlungen kann die beste Belehrung darüber geben, wie das unterschiedliche Stäuben mit der unterschiedlichen Pflanzenkonstitution in Verbindung steht.

Schon bei oberflächlicher Betrachtung fällt einem der bei Gräsern und Orchideen polare *Grundgestus der Gestaltbildung* auf: Das typische Gras löst sich im filigranen Wachs-

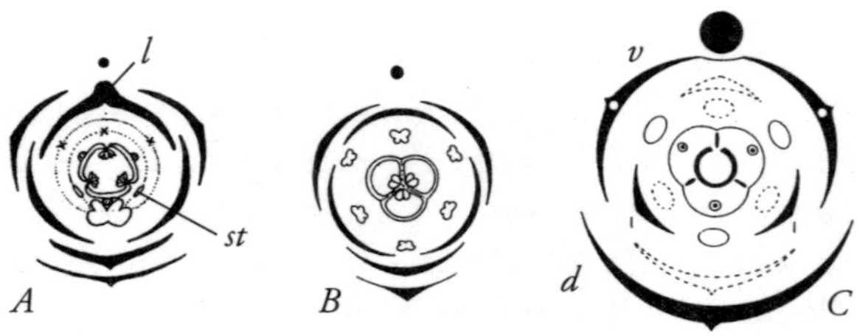

Abb. 2: Blütendiagramme von Lilienverwandten (aus Strasburger): A. Orchidee vor der Blütendrehung. l: spätere Unterlippe; st: Staminodien. – B. Tulpe. – C. Gras. v: Vorspelze; d: Deckspelze; l: Schwellkörper

tum in zahlreiche Verzweigungen des Blütenstandes auf, es «versprüht» gleichsam, indem es wächst; die typischen Orchideen, das sind die nicht im Boden wurzelnden, vielmehr auf anderen Pflanzen (epiphytisch) wachsenden der Tropen, schließen das Wachstum oft mit einer Einzelblüte, die z.B. einen Sporn als Innenraum bildet, ab. Bei den Orchideen herrscht die größte Mannigfaltigkeit und Differenzierung innerhalb des gesamten Pflanzenreiches im Bereich der Blüte überhaupt: Über 20 000 in Duft, Farbe, Gestalt verschiedene Blumen haben sich ausgebildet. Das Blühen ist ganz *bildhafte* Erscheinung, die Blütenblätter gliedern sich in einen übergreifenden Erscheinungszusammenhang ein.

Abb. 3: Polar ausgebildete Blüten a) eines Grases b) einer stark auf einen Bestäuber, eine Grabwespe der Gattung Gorytes (C), spezialisierten Orchidee («Fliegenblume», *Ophrys insecti-fera*), deren Blüte auf der Abb. c) von dem Grabwespenmännchen für ein Weibchen gehalten wird (Zeichnungen: C. Oltmann)

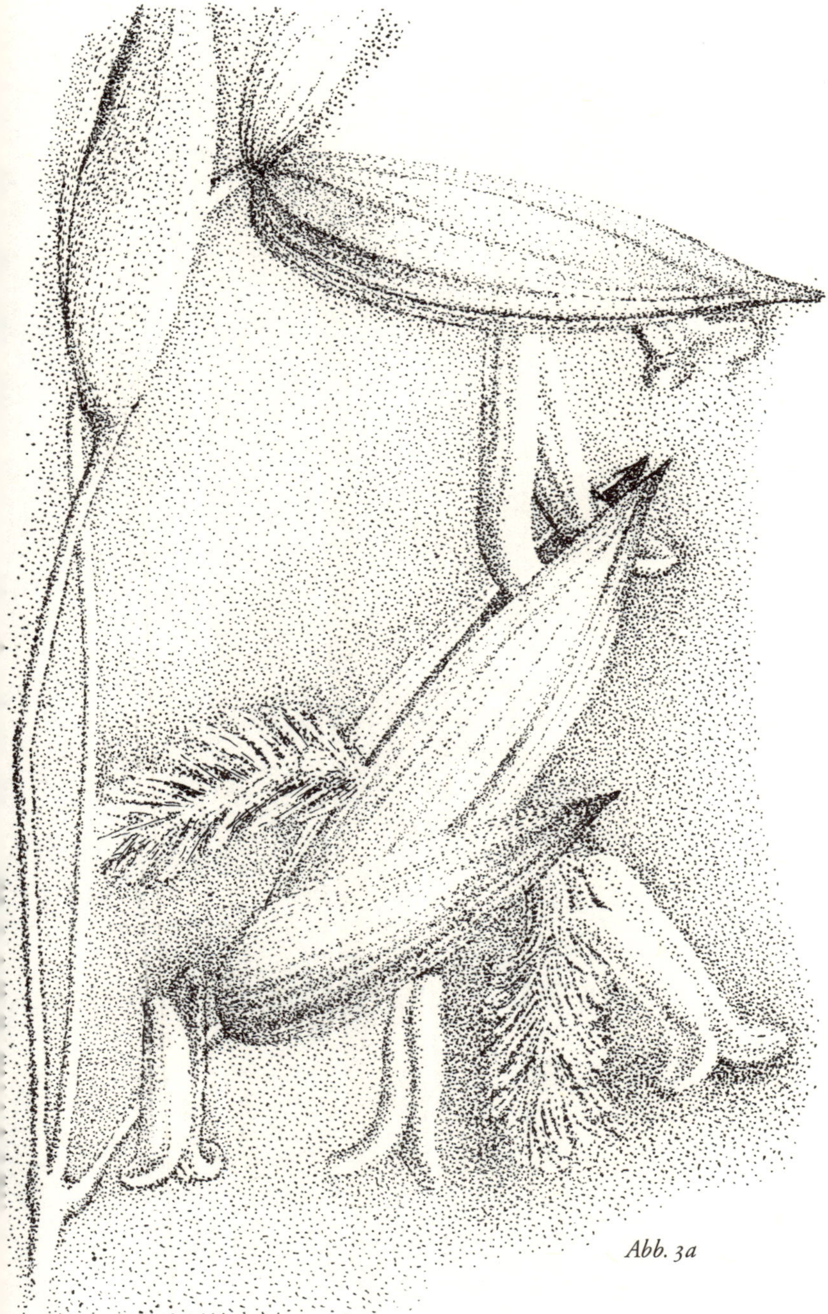

Abb. 3a

Abb. 3b

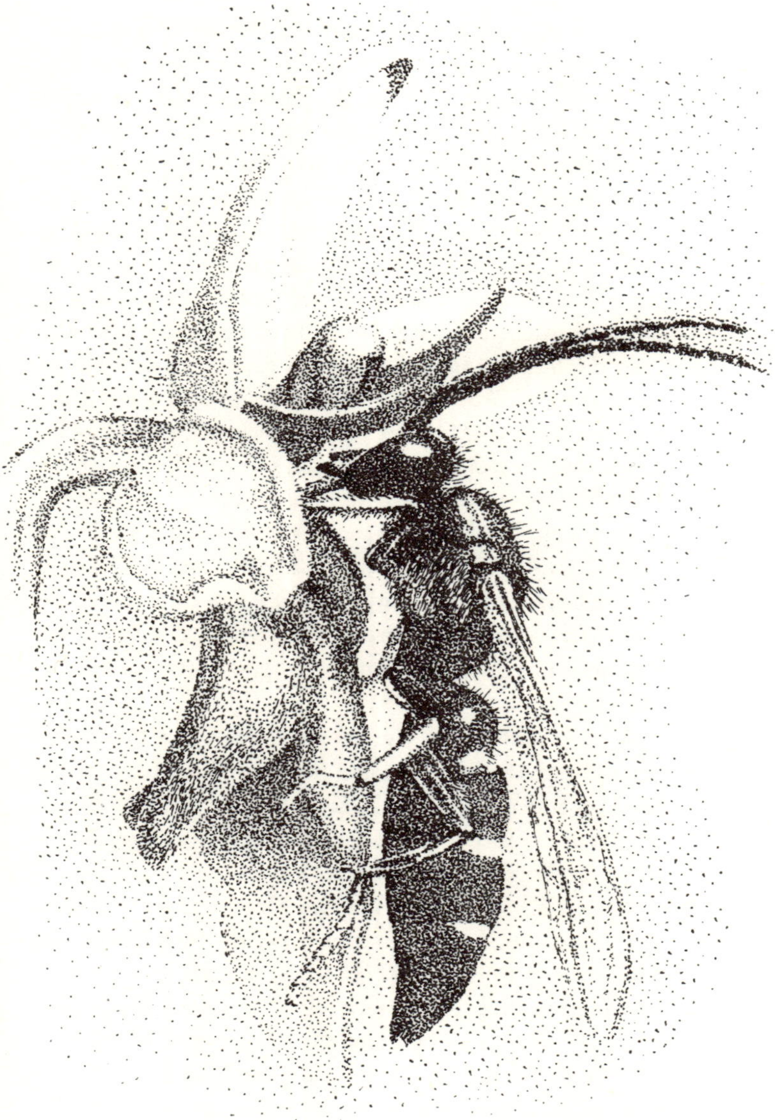

Abb. 3c

Demgegenüber ist das Blühen der Gräser mehr ein im *zeitlichen Nacheinander* – für Pflanzen – dramatisch ablaufender Vorgang, als daß ein in der Gleichzeitigkeit lebendes Bild, die bildhafte Komposition einer Blume entsteht: Bei den blühbereiten Ährchen des Roggens kann eine kurzfristige Beschattung durch eine vorüberziehende Wolke nach wenigen Minuten das «Blühen», d.h. das Öffnen der Ährchen veranlassen. Dabei kommt es zu spektakulären und rasch ablaufenden Veränderungen. Unter feinem Knistern zwängen anschwellende Schwellkörper im Inneren der Ährchen die Spelzen auseinander. Die Fäden (Filamente) der Staubbeutel (s. Abb. 3a) strecken sich unter Wasseraufnahme von 2 auf 10 Millimeter – mit einer Geschwindigkeit von 1,6 Millimeter pro Minute. Das ist einer der schnellsten Wachstumsvorgänge, die man im Pflanzenreich kennt.

Die Lilien – als ausgewogene Mitte zwischen Gräsern und Orchideen – gliedern sich nicht so stark wie die Gräser in Blütenstände auf. Die Blüten bilden einen Innenraum, der meist *Gebärde der Hingabe an das Äußere* ist. Die Blütenformen sind ausgewogen und nicht so spezialisiert wie bei den Orchideen.

Bei den Gräsern ist die Einzelpflanze ganz Bestandteil einer übergreifenden Ganzheit, z.B. der Wiese, der Steppe, des Kornfeldes, während Orchideen solitär wachsende Einzelcharaktere in der Vegetation darstellen und zu überraschenden Begegnungen führen.

Wenn im Frühsommer die Grasblüte beginnt – in einer Zeit zunehmender Blütenstaub-(Pollen)-Allergie von den Medien angekündigt und im weiteren verfolgt – wird die gesamte Lufthülle der betreffenden Erdgegend bis in mehrere tausend Meter Höhe und über Hunderte von Kilometern in die Weite von Blütenstaub durchzogen, die Gräser (und andere Windblütler) breiten sich in die gesamte At-

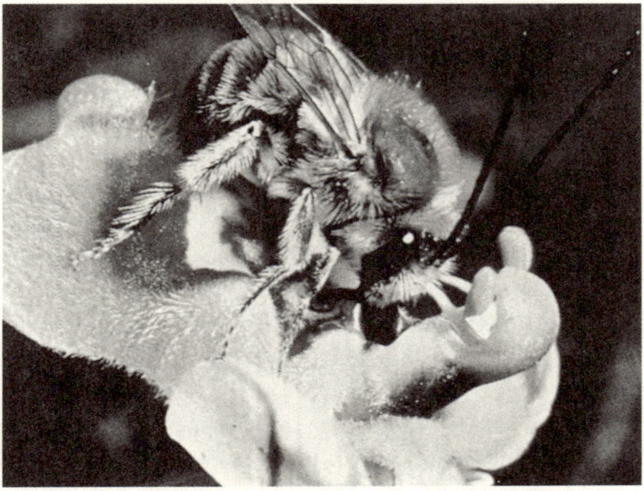

Abb. 4: Ein Männchen der Langhornbiene (Gattung *Eucera*) auf einer Blüte einer Ragwurz (*Ophrys spec.*). Beim Begattungsversuch der Blüte hat sich die Biene zwei Blütenstaubpakete wie kleine Hörner auf den Kopf geklebt (Foto: Danesch).

mosphäre aus. In völligem Gegensatz hierzu bleibt bei den Orchideen der gesamte Blütenstaub oder Pollen einer Staubbeutelhälfte (Theka) zu einer Masse verbunden (s. Abb. 4). Diese wird an ein Insekt – meist an dessen Kopf – geklebt und so von Blüte zu Blüte übertragen. Stärkste Ausweitung bei den Gräsern, größte Konzentration bei den Orchideen. Die Lilien bilden auch freien Blütenstaub als Pulver; die Pollenkörner werden durch klebende Stoffe (sog. «Pollenkitt») jedoch zu Gruppen verklebt, die wiederum an verschiedenen Teilen der bestäubenden Insekten haften bleiben. Dem frei verwehbaren Blütenstaub der Windbestäuber fehlt der Pollenkitt. Die Gräser haben nährende große Samen,[8] das Getreide, das Korn ist die Nahrung schlechthin, das «tägliche Brot». Hierzu stehen die Orchideen als «Microspermae» in völligem Gegensatz: Myriaden feinster Samenstäubchen werden verweht. Der Samen enthält fast keine nährende Substanz. Ihm entkeimt ein anfänglich heterotropher (fremdernährter)[9], also ernährungsphysiologisch tierähnlicher Organismus, der sich nur weiterentwickelt, wenn in seine Zellen Pilze eindringen, die ihn ernähren (endotrophe Mykorrhiza). Später ergrünen die Orchideen meist und werden autotroph (selbsternährend). Während die Gräser Pflanzen der großen, weiten Erdgebiete sind, z.B. der Steppen und Savannen, sind die typischen Orchideen gerade erdflüchtig. In den Tropen leben sie als Epiphyten meist auf anderen Pflanzen.

Die Berührung mit der Tierwelt beantwortet die Pflanze, indem sie selbst in Gestalt und Physiologie wie von Tierischem tingiert, durchdrungen wird. Das Tier mit seiner Einheit von Leib und Empfindung ist dagegen von einem «Antipflanzenprozeß»[10] durchdrungen; die oxidativen Verbrennungsprozesse sind intensiver. Die Pflanze baut auf, das Tier mit seinem Überhang des oxidativen Stoffwechsels baut stärker ab; es ist zehrend, die Pflanze ist nährend; das Tier ist heterotroph, die Pflanze autotroph. Das Seelische[11] manifestiert sich im Stofflichen als «Antipflanzenprozeß». Ein solcher abbauender, zehrender, oxidativer Prozeß wirkt nun auch stark in den Orchideen: Der meist sehr ausgedehnte Blütenbereich muß vom grünen Blatt- und Stengelbereich ernährt werden. Die grüne Pflanze wird von der Blütenhaftigkeit wie aufgezehrt, so daß nicht einmal nährende Samen gebildet werden können. Die Gräser hingegen sind von völliger Pflanzenhaftigkeit, auch die «Blüten»-Spelzen sind grün und ernähren sich selbst, keine Blumen zehren am reinen, aufbauenden Pflanzenprozeß. Die Gräser sind ein rein ätherischer Typ.[12] Die eigentlichen Liliengewächse stehen in der Mitte zwischen Gräsern und Orchideen.

Geht man zum Schluß noch einmal in Konzentration die folgende (S. 24) vergleichende Zusammenstellung der Hauptcharakteristika der drei Gruppen durch, so läßt sich mit produktiver Vorstellungskraft für jede Gruppe eine bestimmte Physiognomie, ein bestimmter durchgängiger Stil bemerken, in den sich alle Merkmale einordnen. Diese Ganzheit, dieser Stil, der sich in dem komplexen Merkmalsgeflecht zum Ausdruck bringt, wird evident gegenüber dem nicht mehr stimmigen Gedanken einer zufälligen Merkmalskombination nach neodarwinistischer Deutung.

Die Blüte als Antwort auf die Bestäubungsart – das «Doppelte Gesetz» Goethes

In den 60er Jahren des 18. Jahrhunderts hatte Kölreuter[13] in den 90er Jahren Sprengel[14] solche Theorien der Wechselbeziehungen zwischen Blumen und Bestäubern ausgebildet, die von Darwin[15] und anderen im Sinne einer *Anpassung* gedeutet werden konnten, die sich durch «natürliche Zuchtwahl» herausgebildet habe.

In der zweiten Hälfte des vorigen Jahrhunderts wurde von dem Italiener Delpino[16] und dem Deutschen Müller[17] der Forschungsbereich der Blütenbiologie (heute auch Blütenökologie) begründet, der gleich zu Anfang in der Zweiheit der Gründerpersonen einen Dualismus in der Deutung der Blütengestaltungen zum Ausdruck brachte. In der für ein menschliches Bewußtsein «unendlichen» Gestaltenfülle der Blumen der Blütenpflanzen lassen sich bestimmte Gestaltgruppen beobachten, die in einem mehr oder weniger

Gräser	Lilien	Orchideen
Blütenstaub durch den Wind in die Atmosphäre verstäubend	*Blütenstaub* leicht klebrig an Tieren	*Blütenstaub* in einer Masse konzentriert an Tieren
im Wachstum verstäubend	im Wachstum sich leicht aufgliedernd	im Wachstum sich abschließend
das Blühen ein Vorgang im zeitlichen Nacheinander	*das Blühen* eine in der Gegenwart sich ausbreitende räumliche, bildhafte Komposition	*das Blühen* öfter die Imitation einer Tiergestalt im Zusammenhang mit dem Fortpflanzungsgeschehen der Tiere
Die Einzelpflanze verschwindet in der Wiese	Gruppen, Bestände	Einzelpflanze das Charakteristische
Pflanzen der weiten Erdgebiete	verschiedenste Standorte	erdflüchtig (Epiphyten)
nährende Samen «Farinosae» (Farina-Mehl)	kein Mehl, sondern Eiweiß, Reservezellulose, Fett	Samen ohne Nahrung (Microspermae)
Beziehung zum Stoffwechsel der Tiere als Nahrung	Beziehung zur Sinnlichkeit der Tiere, z.T. auch Nahrung	ausschließlich Beziehung zur Sinnlichkeit und zum Fortpflanzungsgeschehen der Tiere
rein ätherisch	ätherisch-astralisch ausgeprägt	stark astralisch

engen Zusammenhang zu den Bestäubern stehen, z.B. gibt es charakteristische Hummel-, Fliegen-, Käfer-, Vogel-, Fledermausblumen u. a.

Im Zusammenleben mit bestimmten Tieren sind z.T. aus sonst verwandtschaftlich entfernt stehenden Pflanzen bestimmte Gestaltgruppen gleicher Blütenausbildung entstanden. Diesen Zusammenhang zwischen Blütengestalt und Art des Bestäubers dachte Müller nur kausal, im Sinne Darwins durch Selektion entstanden. Daß zum Beispiel charakteristische Vogelblumen nicht duften, jedoch oft eine grellrote Farbe zeigen, sei «verursacht» durch das Fehlen des Geruchsvermögens der bestäubenden Vögel und der besonderen Empfindlichkeit ihres Sehsinns gegenüber dem Rot. «Wie die Bienen- und Schwärmerblumen Schöpfungen der Bienen bzw. Schwärmer, sind die Vogelblumen solche der Blumenvögel», und an anderer Stelle wird von der «Bedeutung des Vogels als unbewußten Umbildners der tropischen Blumenwelt» gesprochen.[18]

Demgegenüber war für Delpino die Blume Ausdruck und Ausgestaltung eines *inneren Prinzips* (seiner «principii» bzw. seines «concetto biologico», d.h. biologischen Konzepts), das sich teleologisch bzw. final[19] zur Geltung bringe. Idealistische Finalität hier, materialistisch-mechanistische Kausalität[20] für Müller. Die Begriffe der Blumentypen waren demgemäß für Delpino schaffende Begriffe, universalia in re,[21] sie waren für die betreffenden Blumen konstitutiv; für Müller waren sie nur beschreibende Kategorien, etwas Nominalistisches[22], vom Menschen geschaffene Einteilungsprinzipien. So ist die Blütenbiologie ein «Gebiet der Botanik, das wie selten ein anderes, im Mittelpunkt des modernen ‹Universalienstreits›[23] gelegen hat», bemerkt Vogel[24], Schüler von Wilhelm Troll[25], *des* Vertreters einer «Idealistischen Morphologie» in diesem Jahrhundert.

Daß gerade die Blumen so gegensätzlich gedeutet und beschrieben wurden, ist verständlich: Sind sie doch einerseits in der Tat in höchstem Maße eine Antwort der Pflanze auf das Instinkt- und Sinnesleben der tierischen Bestäuber und von diesen her verständlich, zum anderen aber auch in sich geschlossene Sinngefüge für die ästhetische Betrachtung, ästhetische Erscheinungszusammenhänge, die einen bestimmten *Stil* zur Geltung bringen, dem sich alle Blütenmerkmale unterordnen, «sozusagen nicht nur das ‹Wozu›, sondern auch das ‹Wie› – denn das ‹Wozu› allein konstituiert sie nicht».[26] Will man zu einer sinnvollen Übersicht und Einteilung der Gesamtheit der Blumenwelt kommen, so sollte man nicht nur einzelne Merkmale als Unterscheidungskriterien benutzen, denn die Gesamtheit der Blumen «gliedert sich in *physiognomische Gruppen* aus jeweils einem ganzen *Komplex* von Merkmalen ... Sie sind es, die nach Delpino einem bestimmten ‹Concetto biologico› (also einem in sich geschlossenen Sinngefüge – Verf.) folgen».[27] Dieses «concetto biologico», dieser *durchgängige Stil* wird deutlich in der von uns oben dargestellten Beschreibung der Hauptcharakteristika von Gräsern und Orchideen.

Für Goethe waren im Bereich des Organischen Prägung von außen und Sich-Konstituieren nach inneren Gesetzmäßigkeiten keine Gegensätze. 1891 wird von Steiner zum ersten Mal folgender Ausspruch Goethes aus dessen Nachlaß veröffentlicht: «Die Metamorphose der Pflanzen, der Grund einer Physiologie derselben. Sie zeigt uns die Gesetze, wonach die Pflanzen gebildet werden. Sie macht uns auf ein *doppeltes Gesetz* aufmerksam:

1. Auf das Gesetz der inneren Natur, wodurch die Pflanzen konstituiert werden.

2. Auf das Gesetz der äußeren Umstände, wodurch die Pflanzen modifiziert werden.»[28]

Bereits 1883 sagte Steiner, als Herausgeber der naturwissenschaftlichen Schriften Goethes, im ersten Band innerhalb der «Deutschen Nationalliteratur» (Kürschner als Herausgeber) noch ohne Kenntnis des «doppelten Gesetzes», denn dieses war im Nachlaß Goethes noch nicht aufgefunden: »Die einzelnen Veränderungen sind *Äußerungen des Urorganismus.* Die *äußeren Verhältnisse* sind bloß *Veranlassung, daß die inneren Gestaltungskräfte zur Erscheinung kommen.* Diese letzteren allein sind das *konstitutive Prinzip*, das *Schöpferische in der Pflanze.* Goethes Betrachtungsweise umfaßt zwei Seiten: 1. die innere Natur des Typus, das ist die sich im Organismus offenbarende Gesetzlichkeit; 2. die äußeren Einflüsse. «In der unendlichen Fülle der Blumenkelche und Blüten, ihrer Formen, Farben, Düfte, besonderen Substanzen – wie Honig – äußert sich der «Urorganismus», die innere Natur, das konstitutive Prinzip, das Blumenhafte in der Blume, das Pflanzenhafte in der Pflanze. Dieses Schöpferische gestaltet sich auf äußere Veranlassung, die äußeren Umstände, die «äußeren Faktoren» aus. Diese sind jedoch nicht Ursache, sondern Anlaß, Bedingung einer bestimmten Blütengestalt. Die Antwort der Pflanzen auf Änderungen ihrer Umgebung ist im Laufe der Evolution nicht irgendwie erfolgt, sondern pflanzenhaft. Diesem doppelten Bestimmtsein der Pflanzen, bzw. in unserem Falle der Blüten, versuchten schon in der Begründungsphase der Blütenökologie Naegeli (1884)[29] und Delpino[30] durch Unterscheidung von «Organisations- und Anpassungsmerkmalen» gerecht zu werden; doch der Organismus steht «als Ganzes ... in mannigfacher Wechselwirkung mit den Kräften der Umwelt», jedes Merkmal «muß sowohl Organisations- und Anpassungsmerkmal sein».

Die Blumentypen der Pflanzenwelt

Wir wollen nun im einzelnen den Gestaltungsstil betrachten, den die Pflanzen im Zusammenleben mit Tieren entwickeln. Hierbei ist zweierlei zu beachten:

1. Viele Pflanzen sind nicht besonders festgelegt auf bestimmte Tiere, die Blüten werden z.B. von Hummeln, Bienen, Schmetterlingen, Käfern u. a. besucht (sog. Polyphilie), andere Pflanzen sind fast nur z.B. an Bienen und Hummeln gebunden (Oligophilie), wieder andere an einen einzigen Bestäuber (Monophilie); so ist z.B. eine Orchidee aus Madagaskar *(Angraecum sesquipedale)* mit einer Spornlänge bis zu 30 Zentimeter auf *einen* ganz bestimmten Schwärmer mit sehr langem Saugrüssel angewiesen, dessen Existenz schon von Darwin vorhergesagt war.[31] Biologische Typen finden sich in der Natur nicht äußerlich begrenzt. So muß man Gestaltungsschwerpunkte des Typus und nicht Grenzen beschreiben – «Typen sind Mitten, nicht Grenzen!»[32] Wie z.B. Waldorfschüler lernen, Gegenstände «aus der Fläche», aus der «Mitte» zu zeichnen und die Konturen, die Grenzen sich aus dem Zusammenstoßen der Flächen ergeben zu lassen, und nicht mit den Grenzen, den Umrißlinien der Gegenstände zu beginnen und diese «Schablonen» dann mit «Inhalt», mit Farbe, zu füllen, so sollen im folgenden die Typen *charakterisiert* und jeweils im Vergleich *konturierend nebeneinandergestellt* werden.

Man unterscheidet heute in der Regel sieben Blumentypen, je nachdem, mit welchen bestäubenden Tieren sich die Blumen besonders verbunden haben:[33] 1. Käferblumen, 2. Bienenblumen, 3. Tagfalterblumen, 4. Nachtfalterblumen, 5. Fliegenblumen, 6. Vogelblumen, 7. Fledermausblumen.

Die Blumen der Lieder und Gedichte Mitteleuropas, die »bluomen» und «blüemelein» der mittelhochdeutschen Gedichte, die bunten Wiesenblumen z.B. des Schwarzwaldes, überhaupt der europäischen Mittelgebirge sind zumeist Bienen- und Hummelblumen (Melittophilie: Bienenblütigkeit). Es sind die Blumen mit reinen, leuchtenden Farben, wobei Blau und Gelb bevorzugt werden, weniger Weiß, Violett oder Purpur[34] – Farben, die auch Tagfalterblumen anziehen; diese bevorzugen aber rote, besonders scharlachrote Blüten.

Wie die Bienen eine besondere Beziehung zum Licht, zur Sonne haben,[35] so kündet auch die reine, leuchtende Farbigkeit der Bienenblumen von ihrer Bindung an das Tagesgestirn. Überdies öffnen sich bei vielen die Blüten z.T. nur am Tage und schließen sich nachts,[36] einige folgen in der Blütenausrichtung dem Tagesgang der Sonne. Der Vielfalt der reinen, leuchtenden Farbigkeit der Bienenblumen entspricht eine Vielfalt der Formen: Rachen- und Lippenblumen wie roter Fingerhut, Wiesensalbei (Abb. 5), Löwenmäulchen, aber auch z.B. der formähnliche Eisenhut; Schmetterlings- und sog. Fahnenblumen wie Kleearten, Ginster, Kreuzblume (*Polygala*) u. v. a.; röhrenförmige Blüten wie Acker-Rittersporn, gewöhnliche Akelei, Lungenkraut und verschiedene Orchideen; glockenförmige Blüten wie Apfel, Birne, viele Korbblütler. Deutlich überwiegen die Blüten, die einen Innenraum bilden wie Rachen-, Lippen-, Schmetterlings-, Röhrenblüten; diese Blüteninnerlichkeit wird von uns als warme seelische Innigkeit erlebt.

Der Bezug zur Wärme, zur Innigkeit eignet auch den Bienen, nicht so sehr den einzelnen Organismen, sondern dem Über-Organismus, dem jede Biene angehört, dem

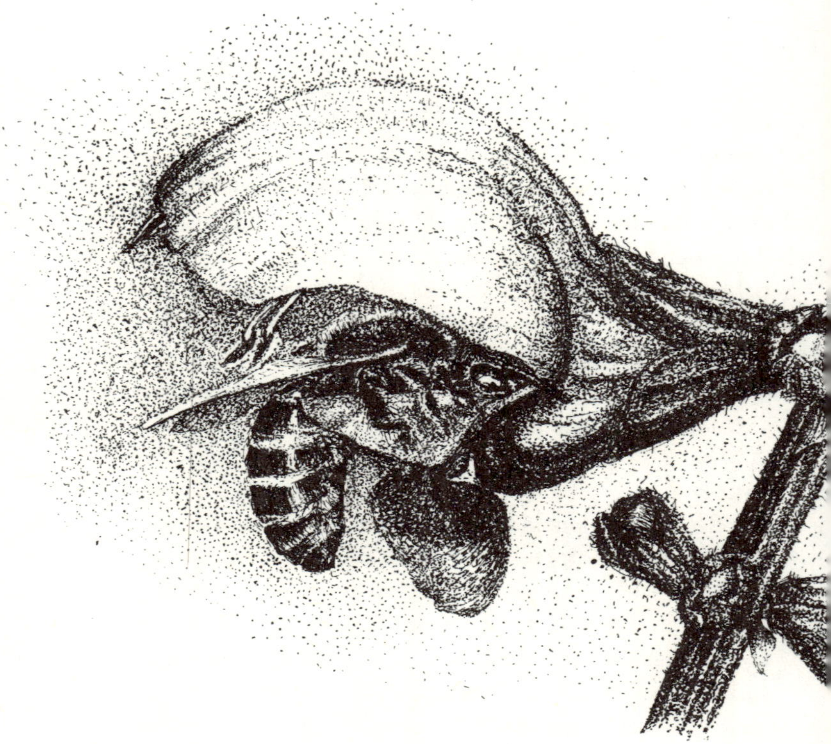

Abb. 5: Wiesensalbei und Honigbiene verschmelzen bei der Begegnung zur funktionellen Einheit (Zeichnung: C. Oltmann).

«Bien», dem Bienenvolk. Das Bienenvolk kann wie ein warmblütiges homoiothermes (gleichwarmes) Lebewesen (Vögel, höhere Säugetiere und Mensch) aktiv eine bestimmte Temperatur halten. Fällt im Winter die Temperatur im Stock zu sehr, heizen die Bienen durch aktives Sich-Bewegen den Stock auf, steigt die Temperatur zu stark, wird durch Fächeln oder Verdunstungskälte (Ausbreiten von Wassertröpfchen im Stock) gekühlt. Wie die Bienen Licht,

Abb. 6: Eine Hummel dringt, den Saftmalen folgend, in eine Blüte der Sibirischen Schwertlilie ein (Foto: Sturm).

bzw. die Sonne in ihrem Gang, und Wärme verinnerlicht haben, so eignet auch den Bienenblumen leuchtende Farbigkeit und Innerlichkeit, warme Innigkeit der Blüten. Wie unter den Insekten – abgesehen vom Seidenspinner – die Biene das einzige wirkliche «Haustier» ist, eine starke seelische Verbindung zum Menschen besteht, so sind auch die Bienenblumen diejenigen, denen der Mensch mit besonderer seelischer Innigkeit verbunden ist. Das Erlebnis der Innerlichkeit der Blüten wird sehr oft noch verstärkt durch Farbmale, Farbzeichnungen des Blüteninnenraumes (sog. Saftmale, z.B. Fingerhutblüten) und durch den mittelstarken, oft honigartig-süßen Duft, der am Tage häufig stärker ist. Noch mehr als die Bienen suchen die Hummeln (s. Abb. 6 u. 7) die Innerlichkeit der Blumen auf; sie haben die Wärme als Einzelorganismen noch stärker verinnerlicht als die Bienen; durch ihre Fähigkeit aktiver Wärmeregulation sind sie von den Außentemperaturen nahezu unabhängig. Sie sind bis weit in die Arktis hinauf wichtigste Bestäuber und die nördlichsten, «arktischsten» Bestäuber überhaupt.[37]

Gerade der häufige Geruch nach Fäkalien, Harn, verwesendem Fisch kennzeichnet typische Fliegen- und Aasfliegenblumen (Myiophilie: Fliegenblütigkeit). Bei den Aasfliegenblumen wandelt sich die leuchtende Farbigkeit der Bienenblumen in unreines, z.T. düsteres Braunrot, Fleischfarben, Grüngelb, verwaschenes Weißlich. Die Stapelien der Trockengebiete Südafrikas (s. Abb. 8) werden in Formung, Färbung, Oberflächengestaltung, Ekelgeruch zum Bild dessen, worinnen Aasfliegen leben: Fäkalien. Charakteristisch für die Fliegenblumen sind die zahlreichen Fallenblumen (Abb. 9) wie Osterluzei (Abb. 10), Aronstab (Abb. 11), Leuchterblume (*Ceropegia woodii),* Schwalbwurz (*Vincetoxium hirundinaria*), Frauenschuh *(Cypripedium calceolus*) und andere.[38] Als Beispiel sei der heimische Aronstab beschrieben. Anders als auf der Abb. 9 öffnet sich der heimische Aronstab mit einem weißlich-grünlichen Hochblatt, der Spatha, sich seitlich weit zur Umgebung wendend. Das weitgeöffnete Hochblatt schließt sich nach unten zu einem engen Hals zusammen, der noch weiter nach unten in einen bauchig geschlossenen Kessel führt. In Verlängerung der Stengelachse durchzieht der Kolben Kessel, Hals und Innenraum der geöffneten Spatha (s. Abb. 12). Der Kolben

Abb. 7: Eine Hummel kurz vor der Landung auf einer Heckenrose. Die Rose ist allerdings keine typische Bienen- und Hummelblume; sie wird auch viel von pollenfressenden Käfern besucht (Zeichnung: C. Oltmann).

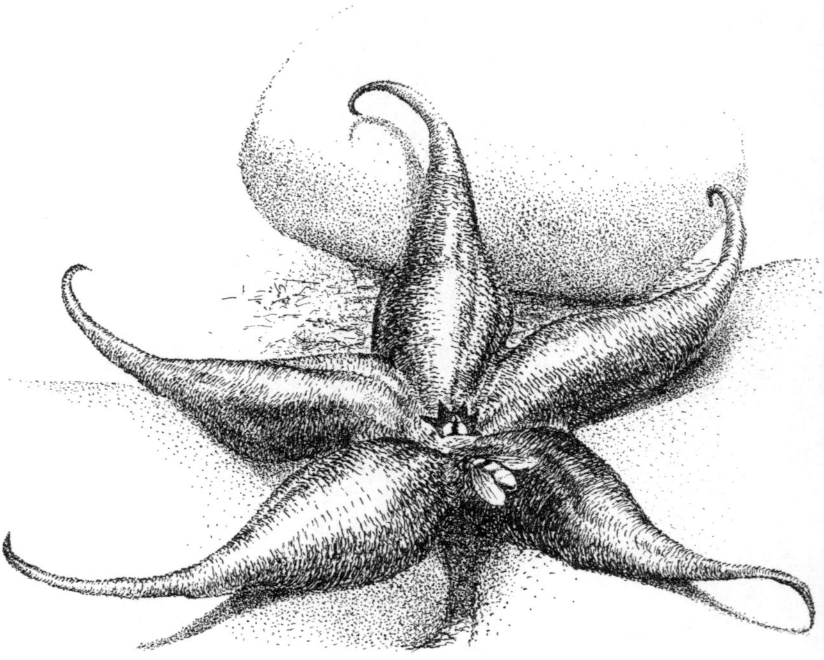

Abb. 8: Eine Aasfliegenblume aus den Trockengebieten Afrikas (*Stapelia nudiflora, Stapeliaceae*). Sie hat das Aussehen und den Geruch von faulem Fleisch, Bestäuber sind Schmeißfliegen (Zeichnung: C. Oltmann).

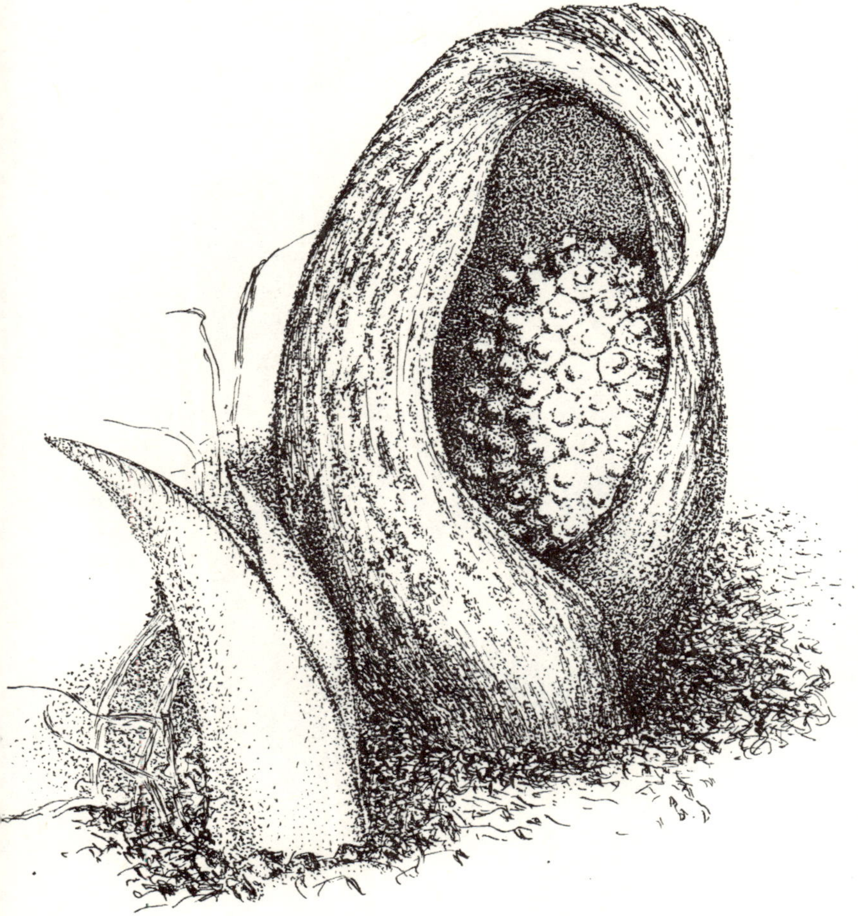

Abb. 9: Ein Aronstabgewächs (*Symplocarpus foetidus*, aus dem Amurgebiet, Japan, NW-Amerika), das nach Aas riecht und von Schmeißfliegen bestäubt wird (Zeichnung: C. Oltmann).

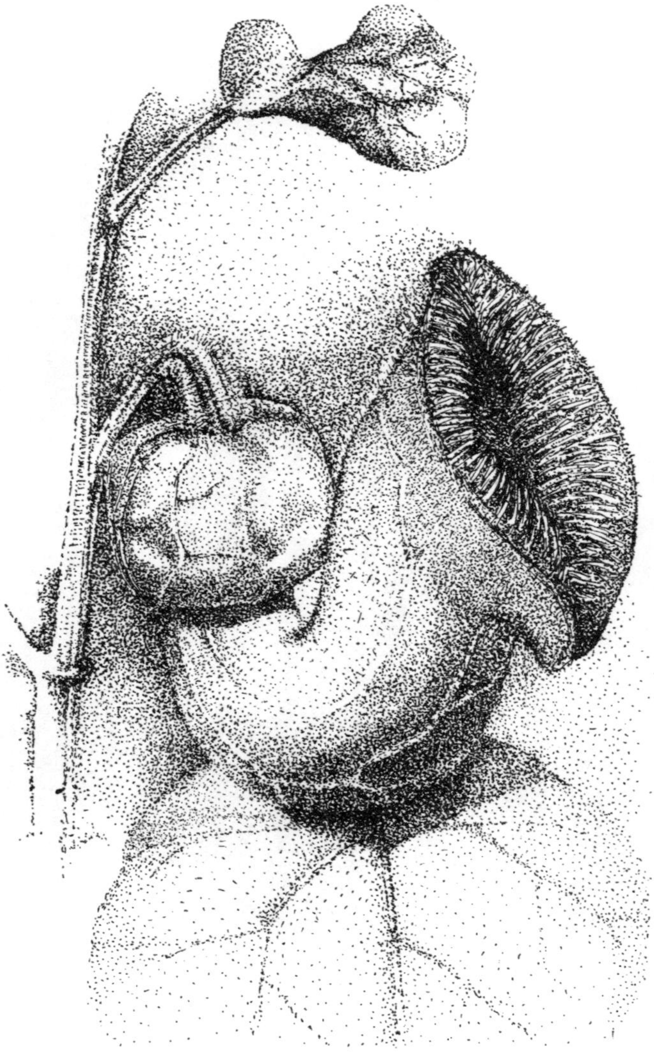

Abb. 10: Die Kretische Osterluzei gehört zu den typischen Fliegenfallenblumen. Die Haare des Blütenschlundes verlaufen in Richtung Blütenkessel und verdichten sich an dessen Eingang zu einer Reuse (Zeichnung: C. Oltmann).

Abb. 11: Die Blüten des einheimischen Aronstabes werden von Schmetterlingsmücken besucht (Zeichnung: C. Oltmann).

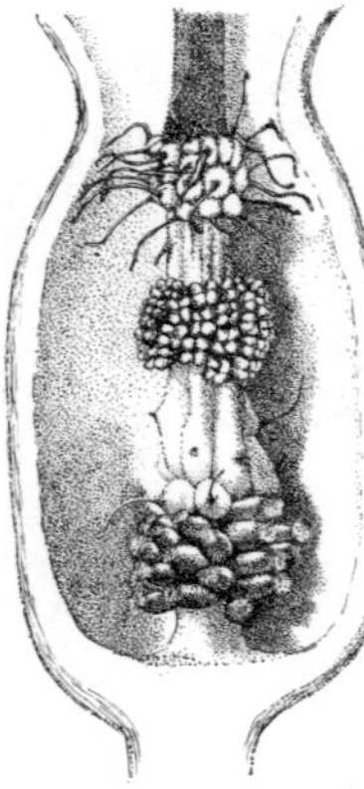

Abb. 12: Gefleckter Aronstab (*Arum maculatum*), Blüte im Längsschnitt mit unscheinbaren männlichen, weiblichen und Hindernisblüten im weiblichen Entwicklungszustand. Der Kolben sondert einen Harngeruch ab, der Fliegen in den Bereich der gelbgrünen Spatha (blütenähnliches Hochblatt) lockt; die Fliegen fallen in den unteren Kessel, bestäuben die Blüten bzw. empfangen Blütenstaub. Erst dann lassen die welkenden, den Ausgang versperrenden Hindernisblüten denselben wieder frei. Der Kessel kann eine Übertemperatur von 14 bis 16 Grad Celsius entwickeln.
(Zeichnung: C. Oltmann)

entwickelt eine für das Pflanzenreich einmalige Wärme; dadurch kann beim einheimischen Aronstab die Wärme 16 Grad Celsius über die Außentemperatur ansteigen! Der Kolben ist gleichzeitig ein Geruchsträger (Osmophor). Die Wärme läßt bei unserem Aronstab einen Harngeruch verdampfen, der Schmetterlingsmücken und kleine Aasfliegen anlockt. Die Wärmebildung wird angeregt durch die männlichen Blüten! Die Insekten werden in die Spatha gelockt, deren Oberfläche den Füßen keinen Halt gibt. Sie fallen zwischen den Borsten nach unten in den Kessel, aus dem sie sich wegen der sperrenden Borsten am Kesselhals und wegen der glatten Oberfläche nicht befreien können. Erst nach einiger Zeit – nach erfolgter Bestäubung und Aufnehmen von Blütenstaub – welkt die Spatha, und die Fliegen können sich befreien. Der verführende Ekelgeruch, die Täuschung und der Betrug der Falle, die – für Pflanzen ungewöhnliche – Glutwärme im Inneren, die Qualität der Blütenform (des Hochblattes) – wie anders ist dieser Stil gegenüber den Bienenblumen. Im übrigen gibt es viele Fliegenblumen – die auch von anderen Tieren, z.B. Käfern, besucht werden können –, welche scheiben- oder schalenförmige Blumen bilden, so Doldengewächse und – seltener – Korbblütler,[39] aber auch Gewächse, die für uns einen leicht unangenehmen Geruch haben wie Efeu, Schwarzer Holunder, Traubenkirsche, Vogelbeere oder Weißdorn. Blüteninnerlichkeit, leuchtende Farbkraft, Honigduft lassen die Fliegenblumen vermissen. Besonders in den Sumpfgebieten Skandinaviens spielen Fliegen (und Mücken) als Bestäuber eine sehr große Rolle,[40] auch hier ein starker Kontrast zur mitteleuropäischen Blütenwiese, dem typischen Standort der Bienenpflanze.

Wespen und Wespenblumen

Die Wespen und ihr Verhältnis zu den Blütenpflanzen sollen hier gesondert beschrieben werden, da einzelne Autoren, z.B. Heß[41], einen eigenen Wespenblumentyp sehen, während Rudolf Steiner[42] die Wespen, insbesondere die Gallwespen, in eine besondere Beziehung zu den Bienen rückt. Bienen, Wespen und Ameisen bilden einen Verwandtschaftszusammenhang. Man kennt in der Regel die Echten Wespen; diese füttern ihre Brut fast ausnahmslos mit tierischer Nahrung. Die erwachsenen Tiere nehmen tierische und pflanzliche Substanz, darunter auch Nektar, zu sich. Noch mehr werden sie aber im Spätsommer und Herbst von süßen Fruchtsäften angezogen. Der Mensch begegnet ihnen nicht so sehr in der Zeit der Blüte, sondern mehr in der Zeit der reifenden Früchte. Dann ist die Brutzeit zu Ende, und es wird weniger tierische und mehr pflanzliche Nahrung aufgenommen. Obwohl der Bezug zu den Pflanzen bei den Echten Wespen bei weitem nicht so ausgeprägt ist wie z.B. bei den Bienen, gibt es doch ganz bestimmte bevorzugte Pflanzen in geringer Zahl. Diese haben immer rötlichbraune Blüten und zeichnen sich durch eine gewisse Starre ihres Habitus aus (Knotige Braunwurz *Scrophularia nodosa*, Rotbraune und Breitblättrige Sumpfwurz *Epipactis atrorubens* und *helleborine*, braunrötlich blühende Zwergmispel).

Vielleicht die engste Beziehung zwischen Blüte und Insekt zeigt das Verhältnis von Feige und Feigenwespe (*Blastophaga psenes*). Hier sieht Steiner das Verhältnis zwischen Bienen und Blumen auf einer anderen Ebene und in anderer Erscheinungsweise, aber doch in innerer Identität, vorgezeichnet.

Die Feige ist wohl – neben Weinstock und Getreide – die am längsten bekannte Kulturpflanze; sie wird im Kulturraum Mesopotamiens schon um 2900 v. Chr. in sumerischen Schriften erwähnt.[43] Der milchsaftführende Feigenbaum bildet seine Blütenstandsachsen krugförmig aus (Abb. 13). Diese «Krüge» enthalten drei Arten von Blüten: Pollenblüten in der Nähe des Eingangs zum «Krug», langgrifflige Samenblüten und kurzgrifflige Gallenblüten. Die Varietät *Caprificus* (Bocksfeige) enthält keine langgriffligen fruchtbaren Blüten, die Eßfeige enthält diese nahezu ausschließlich. Die Feigengallwespen (*Blastophaga psenes*) über-

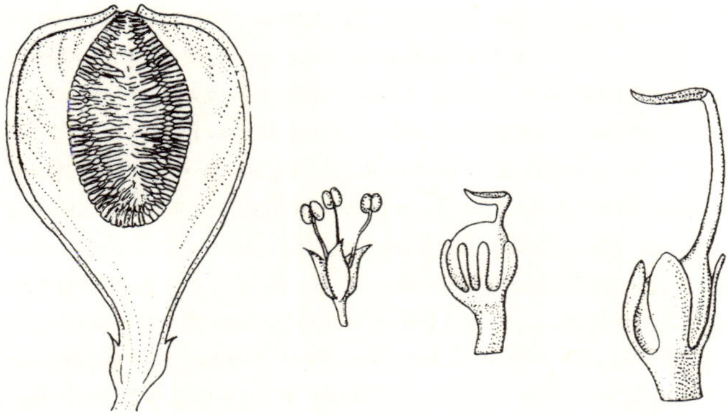

Abb. 13: A. Blütenstand von *Ficus caria* im Längsschnitt mit männlichen (B) und langgriffeligen, weiblichen, fruchtbaren Blüten (D) sowie kurzgriffeligen, weiblichen, unfruchtbaren Gallenblüten (C) (aus Strasburger).

wintern in den Bocksfeigenblüten («Mammae»-Generation), befallen eine nächste Generation von Bocksfeigen (*Profici*, Vorfeigen), aus denen sie – mit Blütenstaub beladen – in die Eßfeigen eindringen und diese z.T. bestäuben; außerdem legen sie durch einen Legestachel in die langgriffligen Blüten ihre Eier, die sich dort jedoch nicht entwickeln können. «Das im Blütenboden abgelegte Ei und die daraus entstehende Larve verursachen eine Wucherung, durch die die Frucht saftiger und süßer wird.»[44]

Das Gesagte gilt für den Smyrna-Typ der Feige. In Ägypten und Israel besuchen andere Gallwespen die Feigenblüten; sie können diese zwar nicht fruchtbar bestäuben, wohl aber durch die (ebenfalls unfruchtbare) Eiablage zur Bildung süßer Feigen stimulieren. Man fand Gallwespen übrigens in 3000 Jahre alten Feigen aus ägyptischen Gräbern (Kugler). Um den Fruchtansatz der Eßfeige zu vermehren und «um saftigere und wohlschmeckendere Feigen zu erlangen» (Taschenberg in *Brehms Tierleben*), hängte man seit alters her Zweige der Caprificusform in die Eßfeigen (sog. «Caprifikation»). Die Wespe konzentriert also durch eine unfruchtbar bleibende Eiablage die Zuckerbildung, eine Art «Honigbildung», in der Feige. Wie die Arbeitsbienen unter Opferung ihrer Fruchtbarkeit, ihrer Fortpflanzungsfähigkeit, auf andere Weise aus dem Nektar in sich Honig bereiten und diesen in der Wabe konzentrieren, so sorgt auch die Feigenwespe unter Verlust ihrer Fortpflanzungsfähigkeit für eine «Honigbereitung» durch die unfruchtbar bleibende Eiablage und für eine Honigkonzentration (die Zuckersüße der Feige) in der Feigenfrucht. «Da kommen wir auf etwas ganz Besonderes. Bei diesen Wespen stellt sich das heraus, daß sie einen Körper haben, der es nicht dazu bringt, der Natur den Honigseim wegzunehmen und ihn in ihrem eigenen Körper zu Honig umzuändern. Aber sie können in der Natur selber das befördern, daß von einer Feige (Bocksfeige – Verf.) zu der anderen (Eßfeige – Verf.) eine Art Honigbildung stattfindet.»[45] «Die Biene ist ein Tier, das mehr in sich von der Kraft behält, die die Wespe nur hat, solange sie ganz jung, solange sie Ei oder Made ist.» Feigenwespe und Biene tun etwas innerlich Identisches, das in verschiedenem Gewande erscheint. Im Übergang von der Wespe zur Biene emanzipiert sich der Prozeß der Honigbereitung und -konzentrierung sehr stark von der Pflanze. Steiner sieht in der Tat einen realen, entwicklungsmäßigen Zusammenhang zwischen Feigengallwespe und Biene.[46]

Wenn Schmetterlinge (Abb. 14) im hellen Sonnenlicht ihre Flügel ausbreiten und diese in intensiver Farbigkeit vor dem Umgebungshintergrund aufleuchten, wenn sie bei Verdunkelung durch finstere Wolken oder Einbruch der Nacht die Flügel zusammenklappen und die stumpfe Flügelunterseite in ihrer dunkleren Tönung mit der Umgebung verschmilzt, ist das wie ein Öffnen und Schließen von Blüten bei Beleuchtung oder Verdunkelung. Zum Beispiel reagieren viele Enzianblüten auf die Beschattung durch größere Wolken durch kurzzeitiges Schließen der Blüten, ähnlich ein von zahlreichen Schmetterlingen überflogener Blumengarten im Sonnenschein: ein flatterndes Gaukeln und vielfarbiges Aufleuchten. Bei dunkler Beschattung: Trägheit oder Erlahmen der Bewegung und Abstumpfen oder «Verblühen» der Farbigkeit. Auch die Bienen haben eine intensive Beziehung zum Sonnenlicht, aber auch zum Warmen, Trockenen, Festen, wie es z.B. im Abscheiden von Wachs im warmen dunklen Inneren des Bienenstockes zum Ausdruck kommt.

Während die Bienen Pollen einsammeln und von vielen Pflanzen, wie z.B. dem Gilbweiderich, auch Öl gewinnen,[47] nehmen Schmetterlinge nur Nektar zu sich, einige nehmen gar keine Nahrung mehr auf. Das Sonnenlicht ist ganz Lebenselement und Lebensumgebung der Schmetterlinge. So repräsentieren die typischen Tagfalterblumen die leuchtende Farbigkeit der drei Grundfarben Rot, Blau, Gelb (z.B. Heide-Nelke, Frühlingsenzian, Dichter-Narzisse). Im Gegensatz zu den Bienen (s.o.) bevorzugen die Schmetterlinge gerade auch die rote Farbe bei den meist zarten Blüten.

Wie bei den Bienenblumen schon kurz erwähnt, drückt sich auch bei den Schmetterlingsblumen der besondere Bezug zum Sonnenlicht, zum Gang des Tagesgestirns, in be-

Abb. 14: Der Apollo ist ein ausgesprochener «Sonnenvogel». Sobald sich auch nur eine kleine Wolke vor die Sonne schiebt, klappt er seine Flügel hoch und verbirgt sich dann in der dichten Bodenvegetation (Zeichnung: C. Oltmann).

stimmten Zeiten des Aufblühens bzw. Öffnens und z.T. auch Schließens der Blüten aus. Schon Linné hat 1747 eine «Blumenuhr» angepflanzt, ein kreisförmig angelegtes Beet mit einer Abfolge von Pflanzen, deren Aufblühzeiten – und z.T. auch Schließzeiten der Blüten – aufeinanderfolgen.[48] So vollzieht die Pflanzenwelt der Bienen- und Tagfalterblumen den Gang der Sonne mit, indem sich jeweils verschiedene Pflanzen unterschiedlichen Sonnenorten zuwenden und mit der Gebärde der Hingabe öffnen. In Entsprechung zu diesen Aufblühzeiten «blühen» auch die verschiedenen Farben unterschiedlicher Schmetterlinge zu aufeinanderfolgenden Tageszeiten auf. Der Blumenuhr entspricht eine Schmetterlingsuhr des ersten Auftauchens oder der stärksten Flugaktivität der Schmetterlinge.[49]

Man halte sich den Blick für die großartige Bildhaftigkeit dieser Entsprechung offen! Die Zweckmäßigkeit dieser Entsprechung ist nur die Außenseite einer sich als Stil des Zusammenlebens mit den Pflanzen und der Sonne darlebenden Innenseite.

Während die Bienenblumen sehr oft einen das Insekt bergenden Blüteninnenraum, eine Blüteninnerlichkeit ausbilden, sind Schmetterlingsblumen meist flach tellerförmig ausgebreitet; aus dem Tellerzentrum senkt sich wie ein Stil eine enge Röhre zur Blütenachse, in deren Tiefe sich der Nektar findet (z.B. verschiedene Nelken, auch Taglichtnelke, einige Phloxarten, langspornige Veilchen, Buddleia und viele andere). Im Gegensatz zu den Nachtfalterblumen mit ihren oft hängenden oder seitwärts gerichteten Blüten sind die Schmetterlingsblüten aufrecht zur Sonne gerichtet und zeigen öfter Farbmuster (z.B. Feuerlilie, Abb. 15). Im Vergleich zu den Nachtfalterblumen (Schwärmer und Motten) mit ihrem intensiven, z.T. süßlich-betäubenden «Parfümduft» verströmen die

Abb. 15: Die Feuerlilie trägt ihre Blüten aufrecht. Mit feurigem Rot lockt sie die Tagfalter zum Besuch herbei (Foto: Sturm).

Schmetterlingsblumen (Tagfalter) einen angenehmen, mehr honigartigen feinen Duft.

Blickt man von den Tagfalterblumen zu den Fledermausblumen, so begibt man sich in die denkbar größte Polarität: Man muß in der Phantasie nebeneinanderhalten ein nach oben dem Licht Sich-Öffnen in farbigem Leuchten der zar-

Abb. 16: Eine Fledermaus (*Glossophaga soricina*) im Anflug an die Blüte einer Glockenrebe, *Cobaea scandens*, *Polemoniaceae*; tropisches Amerika (Zeichnung: C. Oltmann).

ten, rein duftenden Tagfalterblumen und als Antwort darauf das tänzelnde Gaukeln und die lichte Farbigkeit der Schmetterlinge einerseits und andererseits ein zur Seite oder nach unten der Finsternis der Nacht Sich-Öffnen der grobfleischigen, muffig-säuerlich riechenden Fledermausblumen und als Antwort das geräuschlose, gespenstische Huschen der Fledermäuse – ganz Geschöpfe der Finsternis, wie die Schmetterlinge Geschöpfe des Lichtes sind (Abb. 16). Die charakteristischen Fledermausblumen öffnen sich aktiv in der Nacht und verströmen auch nur nachts ihren Duft bzw. Geruch. Erst in den letzten 10 bis 20 Jahren hat man die Fledermausblumen als wichtigen Bestandteil der tropischen (weniger subtropischen) Flora erkannt. Die Blumenwelt der Tropen – so weiß man heute – öffnet sich zu einem nicht unbeträchtlichen Teil der Finsternis und den in ihr huschenden Gestalten.[50] Die blumenbesuchenden Fledermäuse sind z.T. zahnlos, haben spitze Schnauzen und dünne Pinselzungen. Sie krallen sich oft an die derben Blüten, die zudem meist exponiert stehen; so brechen die Blüten oft direkt aus dem Stamm hervor (Kauliflorie, z.B. Kakaobaum) oder werden – wie bei Agaven – hoch über das Blattwerk hinausgehoben, oder sie hängen an pendelnden geißelförmigen Ästen herab *(Flagelliflorie,* z.B. *Dombeya Wallichii).*

Die nachts aufblühenden und «duftenden» Blüten sind weißlich, schmutziggelb oder anders trüb gefärbt; sie sind sehr weit geöffnet und bringen große Mengen oft schleimigen Nektars und – auf zahlreichen Staubblättern – große Pollenmengen hervor. Markante Vertreter sind neben den schon genannten die Bananenstaude, der Affenbrotbaum *(Adansonia digitata)* und Leberwurstbaum *(Kigelia spec.)* – besonders markante eigenwillige Baumgestalten der alten Welt (Eurasien, Afrika); der Kapokbaum *(Ceiba pentandra),* der Kalebassenbaum *(Crescentia),* die Glockenrebe *(Cobaea scandens),* viele Säulenkakteen und andere.

Nachtfalterblumen und Vogelblumen

Wie in den Tropen die «Fledermausblumen» bei nächtlicher Finsternis aktiv werden, so gibt es auch in der mitteleuropäischen Pflanzenwelt Blüten, die sich der Dunkelheit der Nacht öffnen, dabei aber einen meist intensiven, süßen, betörenden Parfümduft verströmen, z.B. Je-länger-je-lieber (*Lonicera caprifolium*), Türkenbund (*Lilium martagon*), einige Phloxarten, Gewöhnliche Nachtkerze (*Oenothera biennis*)

CORRIGENDA

Olaf Oltmann, *Das Blühen der Pflanzen.*
Verlag Freies Geistesleben, Stuttgart 1996, ISBN 3-7725-1546-0

Bei den Abbildungen und Legenden sind bedauerlicherweise sinnentstellende Fehler entstanden.

Auf Seite 49 ist in der Abbildung **oben** der Kolibri, **unten** der Schwärmer gezeichnet.

Auf Seite 58 soll richtig folgende Abbildung mit Legende stehen:

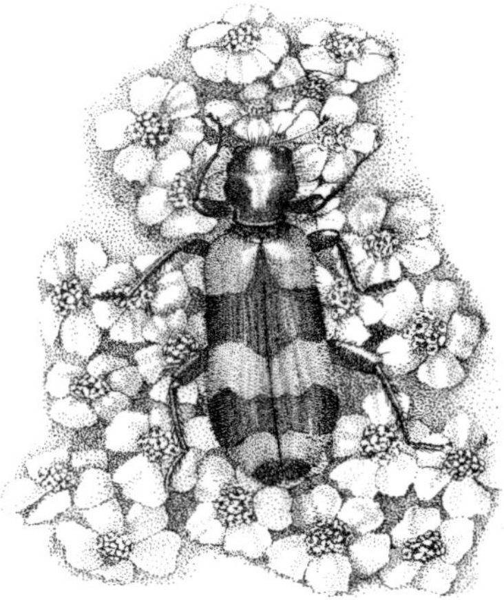

Abb. 21: Das Vorkommen des Bienenwolfes ist auf warme Gegenden beschränkt. Dort sucht er im Sommer vorwiegend auf Doldenblüten Nahrung (Zeichnung: C. Oltmann).

Die in Anmerkung 120 genannte Veröffentlichung von P. Buck und E.M. Kranich (Hrsg.) heißt im Haupttitel: *Auf der Suche nach dem erlebbaren Zusammenhang.*

Auf Seite 61 soll richtig folgende Abbildung mit Legende stehen:

Abb. 22: Der nach Moschus duftende Moschusbock (*Aromia moschata*) aus der Gruppe der Blütenböcke auf einem Doldenblütler (Foto: Institut für Film und Bild).

Auf Seite 131 ist die Abbildung zu ergänzen:

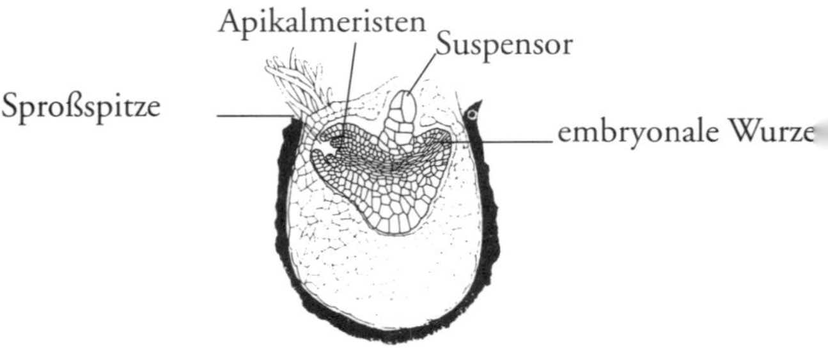

Abb. 17: Hohes Maß an Übereinstimmung in Gestalt, Färbung und Zeichnung bei einem Kolibri (unten, Gattung *Lophornis*), und einem Schwärmer (*Sphingidae*). Natürliche Größe (Zeichnung: Kleinschmidt).

und viele andere. Die Besucher sind vor allem Schwärmer, weniger auch Eulen und Motten, wobei die Schwärmer die aktivsten sind. Sie können wie die Kolibris im Schwirrflug vor den Blüten stehen bleiben und mit meist sehr langem Rüssel den tief in Blütenröhren stehenden Nektar saugen. Wie bei uns das tagfliegende Taubenschwänzchen *(Macroglossum stellatarum),* so gibt es auch in Südamerika einige tagfliegende Schwärmerarten, die den Kolibris in Verhalten und Färbung zum Verwechseln ähnlich sind (Abb. 17) und z.T. die gleichen Blüten besuchen. Im allgemeinen herrscht aber die Polarität von Tag- und Nachttieren und eine entsprechende Polarität der Blüten (vgl. Abb. 18 mit Abb. 19): Bei den Vogelblumen wird als Hauptfarbe immer wieder ein Grellrot genannt,[51] weniger auch intensives Blau und leuchtendes Grüngelb und – mehr in Australien – das sonst seltene

Abb. 18: Männlicher Kolibri (*Calypte anua*) an einer Blüte der Maskenblume (*Mimulus cardinalis*). An der Stirne, die von der Blütennarbe berührt wird, trägt der Vogel Blütenstaub. Vorkommen: Südkalifornien (Zeichnung: C. Oltmann).

Schwarz und Schwarzviolett. Wenn die Blüten nicht leuchtend rot sind, zeigen sie oft «Papageienkombinationen»: intensives Blau neben grellem Gelb, «schreiendes» Rot neben leuchtendem Grün. Die Blüten sind im wesentlichen duftlos – entsprechend dem unentwickelten Geruchssinn der Vögel. Die Nachtfalterblumen lassen gerade die intensivsten Blumendüfte entströmen, sind aber farblich matt (rötlich, trübviolett, schmutziggelb u. a.) oder weiß. Die Nachtfalterblumen zeigen eine Rhythmik des Aufblühens und Duftens («Blumenuhr», siehe Anm. 48), die den Vogelblumen gänzlich fehlt. Charakteristische Vogelblumen bieten den Bestäubern meist große Mengen eines dünnflüssigen und zuckerarmen Nektars, er ist sowohl Nahrung als auch Getränk.

Abb. 19: Ein Weinschwärmer (*Pergera*) an einer Lichtnelke (*Melandrium album*). Wie viele Schwärmer fliegt der Weinschwärmer bei Dämmerung; er steht beim Saugen im Schwirrflug vor der Blüte (wie die Kolibris). Passend zu den Gewohnheiten des Bestäubers, sind die Lichtnelkenblüten abends geöffnet (Zeichnung: C. Oltmann).

Erst seit den 20er Jahren dieses Jahrhunderts weiß man: In den Tropen «hat der Vogel als Machtfaktor der Blütenbestäubung dem Blumenleben seinen Stempel aufgedrückt. Die Blumenwelt der Tropen ist zum Großteil eine Schöpfung des Blumenvogels.»[52]

Daß die Blumenwelt durch die Art des Bestäubers nicht passiv abgestempelt wird, sondern als ganzer Organismus pflanzenhaft auf den äußeren Einfluß antwortet, haben wir oben (in Teil I) bei der Besprechung des «Doppelten Gesetzes» angeführt. Auch Suchantke sieht in seinem Buch über Südamerika in den Kolibris einen Hauptgestaltungsfaktor der Pflanzenwelt dieses Kontinents.[53]

Unter den 291 Familien der höheren Blütenpflanzen gibt

es 112 mit vogelblütigen Arten. In Brasilien haben wenigstens 40 Prozent der tierblütigen Gattungen vogelblütige Vertreter; dabei soll Brasilien nach Argentinien das kolibriärmste Land Südamerikas sein.[54] Costa Rica gilt als besonders kolibrireiches Land. Auf Hawaii beträgt der Anteil der Blumenvögel (Kleidervögel, *Drepanididae)* als Bestäuber 61 Prozent.[55] Auch in Australien ist ihr Anteil sehr hoch (vor allem Honigfresser – *Meliphagiden,* aber auch Pinselzungen-Papageien – *Trichoglossini,* die z.B. Eucalypten bestäuben). In Afrika und Südostasien werden viele Blumen von Nektarvögeln *(Nectariniidae)* bestäubt. Vor allem in Asien, aber auch in Nordamerika, finden sich dann noch weitere Gruppen von Blumenvögeln (Kugler[56]). So läßt sich die Blumenwelt der Tropen nach heutigem Wissen in ihrer Eigenart als Antwort auf den prägenden Einfluß von Vögeln und auch Fledermäusen verstehen. Das macht für den Europäer ihre Fremdheit, ihren ganz andersartigen Stil aus. Vogelblumen gibt es darüber hinaus in allen Kontinenten, bemerkenswerterweise aber nicht – abgesehen von der Antarktis – in Europa mit dem Nordrand des afrikanischen Kontinents und den Kanarischen Inseln. Schon in Israel findet sich dann allerdings der Jericho-Nektarvogel (*Nectarinia osea*), dessen Verwandte in Asien und Afrika verbreitet sind. Da die Blumenvögel in den Tropen und Subtropen im Gebirge in Regionen aufsteigen, die gemäßigten oder sogar subarktischen Breiten entsprechen, ist das gänzliche Fehlen von Blumenvögeln in Europa rätselhaft und für die europäische Pflanzenwelt sehr charakteristisch.

Was charakterisiert nun die Blumenvögel, insbesondere die Kolibris? Die erwachsenen Blumenvögel ernähren sich allgemein nicht nur von Nektar, sondern zusätzlich von Insekten, wobei der jeweilige Anteil schwankt und von verschiedenen Gegebenheiten abhängt. Das gilt auch für die

Kolibris, besonders für deren Brut, die überwiegend tierisch, d.h. mit Insekten gefüttert wird. Die Blumenvögel sammeln den Nektar nur für den Eigenbedarf. Der ist allerdings außerordentlich hoch: Der metallisch-funkelnden, feurigen Farbenpracht des Gefieders, dem beweglich Irisierenden des Erscheinungsbildes entspricht bei den Kolibris eine schwirrende, irisierende Aktivität wie aus einem überhitzten Temperament heraus; 3300 mal pro Minute können die Schwingen im Schwirrflug schlagen.

Hinzu kommt die Kleinheit; die kleinsten Vertreter wiegen ca. 2 Gramm. Wie die Säugetiere sind Vögel warmblütige (homoiotherme) Organismen; sie können die Eigenwärme gegenüber der Umgebung aufrechterhalten. Der Verinnerlichung der Wärme entspricht eine intensiver differenzierte, gleichsam «buntere» seelische Innerlichkeit. Man vergleiche das, was seelisch in einem «kaltblütigen» Fisch lebt – wie wenig kann man ihm seelisch begegnen –, mit dem, was in einem warmblütigen Rotkehlchen bzw. einer Katze lebt und an seelischer Begegnung möglich ist. Bei den warmblütigen Organismen spielt nun eine besondere Rolle, daß das Volumen eines Körpers in der dritten Potenz, die Oberfläche nur in der zweiten Potenz wächst. Große Tiere haben im Verhältnis zu kleinen eine kleinere Körperoberfläche; sie haben es viel leichter, ihre Eigenwärme zu halten, da über die relativ kleine Oberfläche weniger Wärme abfließt. Bei kleinen Warmblütlern, also besonders bei Kolibris, fließt viel Wärme über die relativ sehr große Außenfläche ab und muß von innen ersetzt werden. Kolibris müssen dauernd Nahrung zu sich nehmen. Es herrscht eine starke Tendenz, Innerlichkeit zu veräußerlichen. Das gilt für die Wärme und dasjenige, wofür die Wärme nur die physiologische Außenseite ist, das Innerseelische (s. S. 22: Antipflanzenprozeß und Seelisches der Blüten). Dieses veräußerlicht sich bei Vögeln allgemein, bei Kolibris insbesondere, zu starren, regelhaft verlaufenden Instinktmechanismen, die z.T. durch grobe Attrappen ausgelöst werden können (vgl. die Forschungen von Konrad Lorenz). Hier nähern sich die Kolibris den Insekten bis zur Gleichheit im Habitus bei nur hummelgroßen Formen (Abb. 17). In kälteren Klimaten kommt als Charakteristikum der Kolibris hinzu eine Tendenz zum «wechselwarmen» Charakter (Poikilothermie), wie z.B. Reptilien ihn zeigen. Ähnlich wie gewisse Säugetiere im Winterschlaf, reduzieren die Kolibris in kühlen Nächten ihren Stoffumsatz auf etwa ein Fünfzehntel, die Körpertemperatur kann auf neun Grad Celsius fallen. Die Körper werden dann steif und unbeweglich.

So sehr man gerade bei den Kolibris die Tendenz zur Veräußerlichung, zum Insektenhaften betonen muß, so muß man zum anderen deutlich ins Bewußtsein nehmen, daß die Blumenvögel allgemein als eigenwarme, warmblütige Tiere ein Mehr an seelischer Innerlichkeit aufweisen als die Insekten. Wie die Blumenvögel sich mit ihrer Eigenwärme in ihrer leiblichen Organisation stärker aus der Umgebung gelöst, aus der Umwelt emanzipiert haben als die Insekten, die ausschließlichen Bestäuber der europäischen Flora, so lebt in ihnen auch mehr seelische Innerlichkeit. Diese reichere Manifestation des Seelischen in den Bestäubern findet nach Göbel[57] z.B. in der australischen Flora ihre Antwort in der stärkeren seelischen Durchprägung und Blütenhaftigkeit der australischen Pflanzenwelt: «Die australische Flora zeigt dagegen, daß sie stärker für seelische Kräfte offen ist (als die europäische, Verf.), die hier besonders durch die Vogelwelt repräsentiert wurden, als sich ihre Arten bildeten.» Das gilt für alle Kontinente mit einem Reichtum an Vogelblumen, wobei die Verinnerlichung des Seelischen im Osten, in der alten Welt, bei den größeren

Abb. 20: Blattmetamorphose der Taubenskabiose. Die Blattmetamorphose ist besonders charakteristisch für europäische Pflanzen.

Vögeln (meist Singvogelverwandte) reicher ist als bei den kleinen Kolibris (Verwandte des Mauerseglers).

Wir haben oben (S. 15ff.) zwei Pole der Pflanzenbildung – Windblütler, z.B. Gräser, und extrem angepaßte Tierblütler, z.B. bestimmte, nur von einer Tierart bestäubte Orchideen – betrachtet. Wir können hier nachtragen, daß sich bei diesen Polen keine typische Laubblattmetamorphose findet. Es ist wohl ein Grundcharakteristikum der von Vogelblütigkeit freien mitteleuropäischen Flora, daß sie einen Reichtum an Laubblattmetamorphosen (s. Abb. 20) zeigt, ein Zeichen dafür, daß in den europäischen gemäßigten Breiten die Pflanzenwelt zu einem Mittelmaß, zu einem harmonischen Ausgleich des Lebenspoles, der Wurzel,[58] und des Poles expressiver Bildhaftigkeit, der Blüte, strebt (z.B. Hahnenfußgewächse, Kreuzblütler, Korbblütler u.v.a.). Dieser in der Laubblattmetamorphose rhythmisch gestalteten Mitte der europäischen Pflanzenwelt[59] entspricht die tagesperiodische Rhythmik des Aufblühens und Schließens der Blüten, des Duftens am Tage, der Duftlosigkeit in der Nacht bei charakteristischen mitteleuropäischen insektenblütigen Pflanzen, im Gegensatz zur fehlenden Rhythmik bei den Vogelblütigen.

Die besondere Prägung der Vogelblumen erlebt man sehr schnell, wenn man sich – wohl jedermann bekannte – Vertreter vor Augen führt. (Es sind immer auch die Herkunftsregion, die Blütenfarbe und die Bestäuber genannt):

Südamerika:
Feuersalbei *(Salvia splendens)* – rot, Kolibris.
Fuchsien (etwa 100 verschiedene Arten) – rot, violett, weiß, Kolibris.

Mittelamerika:
Weihnachtsstern *(Euphorbia pulcherrima)* – rot, Kolibris.
Weihnachtskaktus *(Zygocactus truncatus)* – rot, Kolibris.
Blaugrüner Tabak *(Nicotiana glauca)* – gelbgrün, Kolibris.
Orangeroter Stechapfel *(Datura sanguinea)* – rot-orange, Kolibris

Nordamerika:
Scharlachrote Gauklerblume *(Mimulus cardinalis)* – rot, Kolibris.
Roter Zwergrittersporn *(Delphinum nudicaule)* – orangerot, Kolibris.
Immergrünes Geißblatt *(Lonicera sempervirens)* – rot und gelb, Kolibris.

Südafrika:

Paradiesvogelblume *(Strelitzia reginae)* – blau und orange, Nektarvögel.

Protea *(Protea cynaroides)* – rötlich, Nektarvögel.

Aloe *(Aloe ferox)* – rot, Nektarvögel.

Röhrenblütige Glockenheide *(Erica tubiflora)* – rot, Nektarvögel.

Asien:

Kaiserkrone *(Fritillaria imperialis)* – rot, Nektarvögel.

Chinesischer Roseneibisch *(Hibiscus rosa-sinensis)* – rot, Nektarvögel.

Australien:

Eukalyptus *(Eucalyptus globulus)* – weiß, Pinselzungenpapagei.

Banksie *(Banksia menziesii)* – orangerot, Honigfresser.

Australische Silbereiche *(Grevillea robusta)* – gelborange, Honigfresser.

Mangles Känguruhpfote *(Anigozanthos manglesii),* die Wappenblume Australiens (!) – grün, rot (Behaarung von Blütenhülle und Stielen), Honigfresser.

Honigmyrte *(Melaleuca spec.)* – rot, violett, Bienenfresser.

Käferblumen. Die Rose und der Wein

Die Käfer werden insofern gesondert besprochen, als ihnen nicht – wie bei den bisher betrachteten Formen des Blühens – *ein* Blumentyp kontrastierend zur Seite gestellt wird. Die Käfer sind zwar häufigere Blumenbesucher,[60] aber von eigentlichen «Käferblumen» *(Cantarophilie,* auch *Coleopterophilie:* Käferblütigkeit) als Antwort auf das Zusammenleben mit dieser Tiergruppe kann man schlecht sprechen. Ebenso-

Abb. 21: Das Vorkommen des Bienenwolfes ist auf warme Gegenden beschränkt. Dort sucht er im Sommer vorwiegend auf Doldenblüten Nahrung (Foto: Sturm).

wenig ist der Käfer «blütenhaft» geworden,[61] d.h. daß er sich bestimmten Blüten angepaßt hätte, obwohl aus dieser schon früh in der Erdgeschichte auftretenden Tiergruppe die ersten Pflanzenbestäuber stammen sollen!

Dafür spricht, daß so wenig spezialisierte Pflanzen wie Magnolien, Tulpenbaum und andere Magnolienverwandte häufig Käfer als Bestäuber haben. Auf der anderen Seite müßte man im Sinne des Darwinismus eine stärkere gegenseitige Beeinflussung von Käfer und Pflanze bei einer so langen gemeinsamen Evolution erwarten: »Bedauerlicherweise sind sie (die Käfer; Verf.) geblieben, was sie schon zur Kreidezeit und früher waren: ungehobelte, primitive Gesellen, die oft nicht nur Pollen und Nektar, sondern die ganzen Blüten fressen. Anpassungen an den Blumenbesuch finden sich selten.»[62] Zu den oft von Käfern besuchten Blumen gehören solche mit flachen Blütenständen bzw. leicht zugänglichen flach schalenförmigen Blüten wie Schneeball, Kornelkirsche, Holunder, Spiraea, viele Doldenblütler (Abb. 21, 22), aber auch die Wildrose (*Rosa canina*) und verschiedene Lilien. Die meisten dieser Pflanzen – besonders die Rose – zeichnen sich dadurch aus, daß sie auch regelmäßig von anderen Tiergruppen bestäubt werden, also mehr allgemein an die Tierheit angepaßt sind. Mehr auf Käfer als auf andere Bestäuber festgelegte Pflanzen haben – entsprechend dem geringeren Sehvermögen dieser Tiere – oft weiße, grünliche oder bräunliche Blüten, also eine wenig intensive Farbe, wohl aber einen intensiv fruchtig-würzigen, z.T. auch Gärungsgeruch. In den Rosenblüten findet man zwar auch öfter bestäubende Käfer, z.B. den prächtig glänzenden, goldgrünen Rosenkäfer (*Cetonia aurata*, ein Käfer, der durchaus Blütenhaftigkeit angenommen hat), aber die Farbigkeit der Blüten und z.B. der Rosenduft gehören gar nicht zu diesem Typus; sie weisen mehr auf eine

Nähe zu Hummeln und Bienen (Abb. 3), ebenso die Periodik, das zeitliche Geordnetsein der Blühvorgänge:

Die Wildrose (*R. canina*) öffnet sich um 4 – 5 Uhr morgens; ungefähr eineinhalb Stunden später (6.30 – 10 Uhr) beginnt sie ihren Blütenstaub durch Platzen der Staubbeutel zu entlassen. Der Duft ist meist tags stärker, er nimmt zum Blüteninneren hin zu. Auf der anderen Seite trägt die Rose nichts zur Honigsüße bei; ihre Blüten sind sehr blütenstaubreich, sind aber nicht durchzogen von der Süße des Nektars wie typische Bienenblumen. In der gesamten Komposition der Blüte hält die Rose die Mitte zwischen Herbheit und Süßlichkeit; im einzelnen teilt sich dieses Mitte-Halten besonders im Duft mit.

Wo ist heute in der bisher geschilderten Blütenhaftigkeit der Pflanzenwelt der besondere Platz der Rose? Wie ist die Beziehung der Rose zu den bisher geschilderten Typen?

Wie oben gezeigt, läßt sich gerade bei der Rose eine spezielle Zuordnung nicht vornehmen. Die Rose ist ja wahrscheinlich die älteste Pflanze, die der Mensch allein um ihrer Schönheit willen kultiviert hat. Auf alten Schrifttafeln aus den Königsgräbern von Ur findet sich wohl der erste geschichtlich gesicherte Bericht von Rosen. Es wird dort berichtet, daß König Sargon I. (2684 bis 2630 v. Chr.) von einem Kriegszug «Weinstöcke, Feigen und Rosensträucher» in sein Land mitbrachte. In China berichtete Konfuzius (551 bis 479 v. Chr.), daß in der Bibliothek seines Kaisers 600 Bücher über Rosen und Rosenkultur ständen. Karl der Große befiehlt seinen Pächtern, in seinen Pfalzgärten auch Rosen anzubauen. Goethe sagt: «In den Blüten tritt das vegetabilische Gesetz in seine höchste Erscheinung, und die Rose wäre nur wieder der Gipfel dieser Erscheinung.»[63] Vertreten die unzähligen Pflanzen Teilaspekte der Pflanzenheit, des «vegetabilischen Gesetzes», der Urpflanze, so manifestiert sich in der Rose, speziell

Abb. 22: Der nach Moschus duftende Moschusbock (*Aromia moschata*) aus der Gruppe der Blütenböcke auf einem Doldenblütler (Zeichnung: C. Oltmann).

in der Rosenblüte, bis zu einem hohen Grade das «vegetabilische Gesetz», die Pflanzenheit in ihrer Allgemeinheit.

Blütenökologisch hält die Rose die Mitte zwischen Windbestäubern, wie z.B. der Hasel, und spezialisierten Tierbestäubern, wie z.B. einem Fingerhut als Bienen- und Hummelblume oder einer Fuchsie als Vogelblume. Sie ist auch in ihrer Gestalt, in ihrem Aufbau sehr wenig spezialisiert, sehr einfach, eine «allgemeine Form», wenn man sie mit Korbblütlern, Glocken-, Rachen-, Schmetterlingsblumen u.a. vergleicht. Die Rosenblüte ist nicht ausziseliert wie z.B. eine Enzianblüte: Sie zeigt zwischen Laubblättern und Blütenblättern langsame Übergänge im Kelchbereich, ebenso sind Übergänge zwischen Blüten- und Staubblättern und sogar zwischen Staub- und Fruchtblättern relativ häufig. Staub- und Fruchtblätter sind zahlenmäßig nicht festgelegt. Alles im Blütenbereich der Rose ist flüssig; dem entspricht ihre außerordentlich große Variabilität, ihre Möglichkeit, sich in verschiedene Arten, die z.B. durch Züchtung hervorgebracht werden, auszugestalten. Die Reinheit der Rosenblüte ist nicht die Reinheit windblütiger Pflanzen, deren Blüten nicht in Berührung mit den seelisch durchprägten Tieren kommen und selbst nicht in Duft, Farbe, Form den Stil seelischer Durchprägung und Expressivität zeigen. Die Rosenblüte verbindet sich allgemein mit der Tierheit und ist selbst bildhafter Ausdruck eines Allgemein-Seelischen jenseits aller Spezialisierung, indem sich die Reinheit des «vegetabilischen Gesetzes», der im grünen Blattbereich wirkenden Lebensorganisation «zur Erscheinung bringt». Aus der Blütenökologie der Rose wird verständlich, daß deren Blütenhaftigkeit immer Symbol war für das pflanzenhaft rein[64] gewordene Seelische, für die geläuterten seelischen Empfindungen und Triebe, Begierden und Leidenschaften.

Bei *Schillers* spruchartigem Gedicht *Das Höchste* sollte man vor allem die Rose im Bewußtsein haben:

Das Höchste
Suchst du das Höchste, das Größte?
Die Pflanze kann es dich lehren.
Was sie willenlos ist,
Sei du es wollend –
Das ist's!

Die ältesten Kulturpflanzen der Menschheit – das Getreide, die Feige, die Rose – nehmen blütenökologisch eine Sonderstellung ein: die Getreidearten als extremste Windblütler, die Feige als wohl innigste Symbiose, intensivstes Zusammenleben von Insekt und Blüte, die Rose in ihrer Schönheit am meisten die Pflanzenheit in ihrer Unspezialisiertheit repräsentierend. Als Kontrast zur Rose sei nun so sei die von den Ägyptern schon um 3500 v. Chr.[65] kultivierte Weinrebe (*Vitis vinifera*) beschrieben.

Die zahlreichen, stark duftenden grünlichen Blüten der rispenförmigen Blütenstände des Weines werfen beim «Aufblühen» die oben am Blütenscheitel zu einer geschlossenen Haube vereinigten fünf Kronblätter als Ganzes ab (Abb. 23). Im Gegensatz zur typischen Blüte, insbesondere zur Blütenhaftigkeit der Rose, die als sich entfaltender Blütenkelch Gestalt gewordene Hingabe und Zuwendung an das Licht ist, wird diese in den vorhandenen Blütenblättern des Weines ja veranlagte Gebärde nicht vollzogen. Die Blütenstände sind auf niederer Ebene im vegetativen Bereich der Pflanze als irdischen Halt ergreifende Sproßranke ausgebildet. Daraus ergibt sich folgende Wachstumsgebärde: Der Hauptsproß wächst, wird zur die irdische Umgebung ergreifenden Sproßranke, ein Seitenzweig setzt das Sproßwachstum fort und wird – nach relativ kurzem Wachstum –

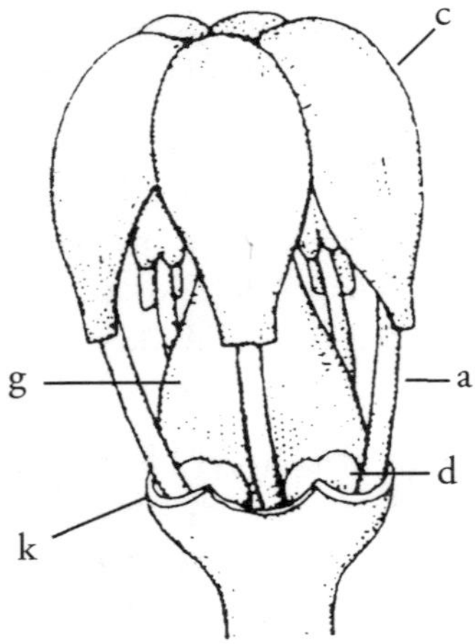

Abb. 23: Weinrebe. Die Blüte öffnet sich, indem die wachsenden Staubgefäße die oben zu einer Haube verwachsenen Blütenblätter geschlossen abwerfen. c Kronblätter; g Fruchtknoten, der zur Beere wird; k reduzierter Kelch; a Staubblätter; d Nektarium.

ebenso zur Ranke, zur Gestalt gewordenen Gebärde des Greifens. Und so setzt sich das Wachstum fort: Der Sproß endet jeweils nach kurzem Wachstum in einer Greifgebärde, das Sproßwachstum wird jeweils von einer Seitenknospe fortgeführt. Zur Blütezeit im Mai/Juni wandelt diese Greifbewegung, die Sproßranke, sich in die «Gescheine», die echten Blütenstände (Infloreszenzen). «Morphologisch gesehen entsprechen die Sproßranken umgewandelten reduzierten Infloreszenzen.»[66] So vollziehen die Blüten beim Wein nicht die Gebärde der Hingabe an den tierischen Umkreis und an das aus dem Kosmos zuströmende Licht, sondern gehen aus einer die Erde ergreifenden Gebärde hervor, die auch in den tiefen Pfahlwurzeln des Weinstocks lebt. Eine extrem intensive Hingabe an Licht und Wärme vollzieht dann der Wein in der Fruchtreife. Man halte sich vor Augen einen nach Süden exponierten Weinberg, an dem der Wein reif «gekocht» wird durch die Sommer- und brütende Spätsommerhitze. Wie die Rose ihre besondere Harmonie, ihre mittlere Stellung im Pflanzenreich als Schönheit zum Ausdruck bringt, so ist der Weinstock besonders geeignet – zutiefst die Erde ergreifend –, in der Fruchtreife eine tiefgreifende Stoffumwandlung mit Hilfe der aus dem Kosmos zuströmenden Wärme zu vollziehen.

Die Blühstile der Pflanzen als physiognomischer Ausdruck von Seelischem

«Ästhetische Bildung» im naturkundlichen Unterricht

In einem Aufsatz zur Umwelterziehung fragt der Erziehungswissenschaftler Rolf Göppel[67] nach der Fruchtbarkeit und dem Erfolg bisheriger Umwelterziehung an Schulen. Er sieht drei Bereiche schulischer Bildung in der Verantwortung gegenüber der Natur:

1) Die «Betroffenheitspädagogik»: Der Lehrer schwinge – oft aus tiefem, ehrlichem Engagement – «die apokalyptische Keule» der ernsten, in der Tat ja vorhandenen Bedrohung des Lebens auf unserem Planeten. Während die Erwachsenen in der Regel schon eine die Schreckensmeldungen abwehrende «seelische Haut» gebildet hätten, seien «die einzigen, die wirklich elementar betroffen scheinen – die Kinder». Göppel hält es für verantwortungslos, bei den Kindern und Jugendlichen «diese Form existentieller Verunsicherung im Namen der Pädagogik noch zu verstärken».

Es entstehe die Stimmung des «Es-hat-ja-doch-alles-keinen-Zweck-mehr», man kann seine Cola-Dose ruhig im Wald liegenlassen.

2) Die moralisierende «Konsumlenkungspädagogik»: Zum Beispiel werde sicher Gutes erreicht, wenn im Curriculum «Die ökologische Schultasche» der Schüler lerne, daß jeder erst einmal bei sich selbst anfangen müsse. Es entstehe aber eine Täuschung bezüglich der Größe und der Wucht der heutigen Probleme.

3) Die Ökosystemlehre: Es sei lehrreich, dem Schüler die Augen für die außerordentliche Komplexität und Vernetzung der Lebenszusammenhänge zu öffnen; im Grunde sei jedoch auch die Ökosystemforschung «auf ihre Art und Weise höchst reduktionistisch. Die einzelnen ‹Bestandteile› eines Ökosystems interessieren nur hinsichtlich der Funktion, die sie für das Ganze erfüllen, und hinsichtlich der Folgen, die ihr Ausscheiden für das System hätte. Sie kommen jedoch als qualitative besondere, einmalige, staunenswerte Erscheinungen überhaupt nicht in Betracht.»[68]

Ludwig Trepl faßt dieses Dilemma in der Formel zusammen: «Der alte Reduktionismus kommt aufs schlecht Konkrete [d.h. das Stoffliche, vereinzelt Gegenständliche, im Gegensatz zum «gut» Konkreten, dem konkreten geistigen Zusammenhang. Verf.], das isolierte Einzelne; der neue, ökologische, kommt wohl auf den Zusammenhang, aber er verliert, was da zusammenhängt.»[69]

Verantwortung heißt existentielles Verbundensein mit etwas. Verantwortung gegenüber der Natur kann entstehen, wenn der Unterricht an dem persönlich erlebten, unmittelbar und intensiv mit den Sinnen aufgefaßten Natureindruck ansetzt, und nicht immer schon an den gedanklichen Konstrukten über die Natur. In diesem Sinne plädiert Göppel für eine ästhetische Dimension naturwissenschaftlichen

Unterrichts (*aisthesis* = Wahrnehmung, nicht die ästhetisierende «Überhöhung» der Wirklichkeit!) und letzten Endes für phänomenologische, d.h. sich ganz an den Erscheinungen orientierende Unterrichtsmethoden. Er stellt seinen Betrachtungen folgendes Zitat von K. M. Meyer-Abich voraus: «Wirklich betroffen sind wir von der Mitweltzerstörung nur dort, wo sie schneller voranschreitet als die gleichzeitige Verkümmerung unserer Sinne. Mit der Zerrüttung der Lebensgrundlagen hat es vielleicht nur deshalb so weit kommen können, weil uns die Sinne gleichzeitig vergangen oder sozusagen degeneriert sind – nicht physiologisch, versteht sich, sondern weil wir es mit unserer natürlichen Mitwelt nicht (mehr) zu tun hatten, so daß die Sinneseindrücke in unserer Seele nichts zum Klingen bringen konnten.»[70]

Anknüpfend an Welsch, der die Verengung der ästhetischen Reflexion auf das Kunstschöne rückgängig machen möchte und dafür plädiert, «Ästhetik genereller als Aisthetik [zu] verstehen, als Thematisierung von Wahrnehmungen *aller* Art, sinnhaften ebenso wie künstlerischen»,[71] formuliert Göppel seine Konzeption von «ästhetischer Bildung»: «Ich möchte also unter ‹ästhetischer Bildung› hier etwas sehr Grundlegendes) verstehen: Die Erziehung zur Wahrnehmungs-, Empfindungs- und Genußfähigkeit, die Pflege der Fähigkeit zu staunen, die Sensibilisierung der Aufmerksamkeit dafür, welche Umgebung ‹der eigenen Seele gut tut›, die Ausbildung eines liebevoll-achtsamen Verhältnisses zu den natürlichen Erscheinungen, die einem zum Beispiel den Duft einer Blume oder den Gesang eines Vogels wertvoll sein lassen, auch wenn diese ‹zu nichts nütze› sind, und die einem die Beobachtung der Fortbewegungsart einer Raupe oder des Baus eines Spinnennetzes zum spannenden Erlebnis werden lassen, auch wenn dabei herzlich wenig ‹action› geschieht.»[72]

Im Hinblick auf die ästhetische Dimension von Bildung muß betont werden, daß primäres sinnliches Auffassen das passiv registrierende Wahrnehmen eines Äußeren überwinden und mit innerer willentlicher Regsamkeit und Aktivität die Wahrnehmungen produktiv, schöpferisch nachgestalten sollte. Hierbei erlebt man deutlicher die innere Gesetzmäßigkeit des Wahrgenommenen, deutlicher werden «die Sinneseindrücke in unserer Seele (etwas) zum Klingen bringen» können (Meyer-Abich). Der bekannte Evolutionsforscher Gould deutet die besondere Fähigkeit seines Kollegen Whittington, des Neuentdeckers und Beschreibers der Burgess-shale-Fauna in den Rocky Mountains, Zusammenhänge innerhalb der fossilen Gestalten und Formen zu erspüren und zu entdecken, so, daß Whittington persönlich Unmengen fossiler Exemplare selbst zeichnete – eine Arbeit, die man sonst gerne Hilfskräften überläßt –, weil er «wußte, daß er diese elementare Arbeit selbst ausführen mußte, wieder und wieder, wenn er ein richtiges ‹Gespür› für die Burgess-Erhaltung und ihre Probleme gewinnen wollte».[73] Der Paläontologe beschränkt sich nicht auf ein passiv registrierendes Vorstellen der fossilen Gestalten, sondern im aktiven produktiven Nachgestalten derselben «erspürt» er deren innere Gesetzmäßigkeit und erwirbt sich einen Blick für verwandtschaftliche Zusammenhänge. So muß man auch das Blühen der Pflanzen innerlich produktiv nachgestalten. Gerade durch die pflanzliche Blütenhaftigkeit, durch die außerordentlich unterschiedliche Qualität pflanzlichen Blühens kommt in uns «etwas zum Klingen» (Meyer-Abich), wobei wir sehr unterschiedliche «Klänge» vernehmen, es regt sich ein «inneres Gespür» (Gould); wir haben den verschiedenen Arten des Blühens gegenüber ganz unterschiedliche «Anmutungserlebnisse»:[74] Das Blühen der Fliegenblumen erleben wir als abstoßend und düster, das der Schmetterlingsblumen als hell und leuchtend-rein, ein Veilchen als innig, eine weiße Lilie als rein, Löwenzahn als freudig usw. Das sind selbstverständlich noch keine wissenschaftlichen Aussagen, sondern etwas, was sich noch undeutlich im Inneren regt als Antwort des persönlichen Erlebens auf die Wahrnehmung. Nun geht man im allgemeinen mehr oder weniger bewußt davon aus, daß diese «innere Antwort», diese Anmutung etwas von der inneren Gesetzmäßigkeit, von der Wirklichkeit der Sache enthält, z.B. wenn wir zu bestimmtem Anlaß bestimmte Blumen schenken, wenn wir meinen, der symbolische Gebrauch von Blumen, z.B. Rose und Lilie, in der Kunst könne von allen verstanden werden usw. Will man den Anspruch aufrechterhalten, über den Bereich des Zusammenhanges von Seelischem des Menschen und Blühstilen der Pflanzen wissenschaftlich etwas auszusagen, so muß man zweierlei tun:

1. im Sinne der heutigen Paradigmendiskussion[75] der Wissenschaften zeigen, welches Paradigma, welche Betrachtungsweise man seinen Betrachtungen zugrunde legt;

2. sich eine Phänomenologie des Seelischen erarbeiten, so daß die im Seelischen nur undeutlich anklingende Antwort (als «Gespür», als «Anmutung») deutlicher ins Bewußtsein erhoben werden kann.

Zum ersten kann man – anfangs mehr undeutlich ahnend – bemerken, daß das gefühlsmäßige Erleben, das Anmutungserlebnis im Betrachten von blühenden Pflanzen, einen inneren Bezug zur Pflanze selbst haben kann: Was ich innerlich als bestimmtes Gefühl habe, sehe ich äußerlich als Bildhaftigkeit der Pflanze: «Das Äußere ist ein in den Geheimniszustand erhobenes Inneres» (Novalis). Die äußeren sinnlichen Eindrücke – in unserem Falle des Blühens von

Pflanzen – als Ausdruck eines Inneren aufzufassen, nennt man *physiognomisches Betrachten.* Das physiognomische Betrachten, bei dem einem das Wahrgenommene gleichsam zum Antlitz, zur Physiognomie, zur Gebärde wird, geht über den Goetheanismus, insofern man darunter vor allem die Typus- und Metamorphosenlehre versteht, hinaus. Es zieht sich unter der Metapher «Lesen im Buch der Natur» wie eine seit dem Mittelalter nicht abreißende Grundströmung durch den Entwicklungsstrom der mitteleuropäischen Kultur:[76] *Die Natur als hermeneutisches Problem.* Einem Buch gegenüber kann ich mich so verhalten, daß ich das Papier, die Druckerschwärze, die verschiedene Größe, Form und Zahl der Buchstaben untersuche; hierbei erreiche ich nicht die Sinnebene des Buches. Lesend verhalte ich mich, wenn ich die sinnlichen, gedruckten Buchstaben als Ausdruck eines über den Sinnen liegenden Gehalts auffassen kann. Die heutige Naturwissenschaft ist mit großem Erfolg meist in der Ebene der materiellen Analyse der Buchseiten, des Papiers, der Druckerschwärze usw. tätig, ohne die hier gemeinte Sinnebene, dieses bezeichnete höhere Verständnis zu erreichen. Die so kurz skizzierte Betrachtungsweise des «Lesens» mit modernen Bewußtseinsmitteln aufzugreifen, wäre ein neues Paradigma in der Naturwissenschaft. Sie würde entscheidend helfen, die heutige tragische Naturdistanz zu überwinden.

Seelenregungen als seelische Gebilde

Will man die Blühstile der Pflanzen als sinnlichen Ausdruck menschlicher Seelenregungen bzw. verschiedener Schichten des menschlichen Seelischen schildern, so ist eine ungewohnte Ausrichtung des in der Regel nach außen gerichteten Blickes in das eigene Innere zu vollziehen. Was man da wahrnimmt als Gier, Hoffnung, Anerkennung, Trauer, Wunsch usw. existiert ebenso objektiv wie die Gegenstände der äußeren Welt, es konturiert sich nur schwerer zu verschiedenen seelischen Gebilden. Die sogenannte «Subjektivität des Seelischen» liegt nur dort, wo nicht aus Besonnenheit, sondern vorschnell aus subjektiven Gefühlen eine Sache beurteilt wird. Das ist etwas ganz anderes, als sich Gefühle und andere Seelenregungen selbst zur Anschauung und erkennenden Beobachtung zu bringen.[77]

Wie kann es nun immer besser gelingen, die undeutliche Welt des Seelischen aufzuhellen, in ihr deutlicher verschiedene seelische Regungen als unterschiedliche «Gebilde» wirklich plastisch unterscheiden zu können? Hanslick, allseits bekannter Musikkritiker der Wagnerzeit in Wien und der «Beckmesser» der *Meistersinger*, schreibt in seinem brillanten Werk *Vom musikalisch Schönen* über das Gefühl: «Was macht denn ein Gefühl zu *diesem bestimmten Gefühl?* Zur Sehnsucht, zur Hoffnung, Liebe? Etwa die bloße Stärke oder Schwäche, das Wogen der inneren Bewegung? Gewiß nicht. Diese kann bei verschiedenen Gefühlen gleich sein und auch wieder bei demselben Gefühl, in mehreren Individuen, zu anderen Zeiten verschieden. *Nur auf Grundlage einer Anzahl* – im Momente starken Fühlens vielleicht unbewußter – *Vorstellungen und Urteile* kann unser Seelenzustand sich zu *eben diesem bestimmten Gefühl* verdichten [Hervorhebungen vom Verf.]. Das Gefühl der Hoffnung ist untrennbar von der *Vorstellung* eines glücklicheren Zustandes, welcher kommen soll und mit dem gegenwärtigen verglichen wird. Die Wehmut vergleicht ein vergangenes Glück mit der Gegenwart. Das sind *ganz bestimmte Vorstellungen, Begriffe*, ohne sie, ohne diesen *Gedankenapparat*, kann man das gegenwärtige Fühlen nicht ‹Hoffnung›, nicht

‹Wehmut› nennen, er macht sie dazu. Abstrahiert man von ihm, so bleibt eine unbestimmte Bewegung, allenfalls die Empfindung allgemeinen *Wohlbefindens* oder *Mißbehagens.*»[78] Das Gefühl als seelisches Gebilde gestaltet sich in der Spannung von Vorstellung, Gedanke einerseits, Trieb, Wille andererseits. In dieser Spannung von «allgemeinem Wohlbefinden oder Mißbehagen», Sympathie und Antipathie, «Blut und Nerv»[79] gestalten sich auch die außerhalb des Gefühls liegenden Bereiche des Seelischen. «Es gehört zu dem ersten, was man sich für die Orientierung in der seelischen Welt aneignen muß, daß man die verschiedenen Arten ihrer Gebilde in ähnlicher Weise unterscheidet, wie man in der physischen Welt … Körper unterscheidet. Um dazu zu kommen, muß man die beiden Grundkräfte kennen, die hier vor allem wichtig sind. Man kann sie Sy*mpathie* [bei Hanslick «allgemeines Wohlbefinden»] oder Antipathie [«allgemeines Mißbehagen»] nennen. Wie diese Grundkräfte in einem seelischen Gebilde wirken, danach bestimmt sich dessen Art. Als Sympathie muß die Kraft bezeichnet werden, mit der ein Seelengebilde andere anzieht, sich mit ihnen zu verschmelzen sucht, seine Verwandtschaft mit ihnen geltend macht. Antipathie ist dagegen die Kraft, mit der sich Seelengebilde abstoßen, ausschließen, mit der sie ihre Eigenheit behaupten. In welchem Maße diese Grundkräfte in einem Seelengebilde vorhanden sind, davon hängt es ab, welche Rolle dieses in der seelischen Welt spielt.»[80]

Goethe sah es für *jeden* Menschen der Gegenwart, der sich in vertieftem Sinne geistig schulen wollte, als unabdingbar an, daß er in ein intimes, übendes Verhältnis zur Natur eintrete. Was Platon für die Geometrie forderte, forderte Goethe für das Studium der Natur. In seinem schon erwähnten Brief aus Italien (siehe S. 9) schrieb er, daß er keinen an eine Schule aufnehmen wolle, «der sich nicht irgendein Naturstudium ernst und eigentlich gewählt».

Eine solche Schule, die ein intensives geistiges Üben an der Natur fördert, schildert Novalis in *Die Lehrlinge zu Sais.* Über die Kindheit des Lehrers dieser Schule heißt es da: «Oft hat er uns erzählt, wie ihm als Kind der Trieb, die Sinne zu üben, zu beschäftigen und zu erfüllen, keine Ruhe ließ. Den Sternen sah er zu und ahmte ihre Züge, ihre Stellungen im Sande nach. Ins Luftmeer sah er ohne Rast und ward nicht müde, seine Klarheit, seine Bewegungen, seine Wolken, seine Lichter zu betrachten. [...] Am Strand des Meeres saß er, suchte Muscheln. Auf sein Gemüt und seine Gedanken lauschte er sorgsam. Er wußte nicht, wohin ihn seine Sehnsucht trieb. Wie er größer ward, strich er umher, besah sich andre Länder, andre Meere, neue Lüfte, fremde Sterne, unbekannte Pflanzen, Tiere, Menschen, stieg in Höhlen, sah, wie in Bänken und in bunten Schichten der Erde Bau vollführt war [...]. Nun fand er überall Bekanntes wieder, nur wunderlich gemischt, gepaart, und also ordneten sich selbst in ihm oft seltsame Dinge. Er merkte bald auf die Verbindungen in allem, auf Begegnungen, Zusammentreffungen. Nun sah er bald nichts mehr allein. – In große bunte Bilder drängten sich die Wahrnehmungen seiner Sinne: er hörte, sah, tastete und dachte zugleich.» Der Lehrer erklärt, was das «echte Erfordernis eines

Naturkündigers» sei und was alles nicht hinreiche. «Wer eine innige Sehnsucht nach der Natur spürt, wer in ihr alles sucht, und gleichsam ein empfindliches Werkzeug ihres geheimen Tuns ist, der wird nur den [...] für den Vertrauten der Natur erkennen, der mit Andacht und Glauben von ihr spricht, dessen Reden die wunderbare, unnachahmliche Eindringlichkeit und Unzertrennlichkeit haben, durch die sich [...] wahre Eingebungen ankündigen. Die ursprünglich günstige Anlage eines solchen [...] Gemüts muß durch unablässigen Fleiß von Jugend auf, durch Einsamkeit und Stillschweigen, [...] durch kindliches, bescheidenes Wesen und unermüdliche Geduld unterstützt und ausgebildet sein.» Einer der Schüler, die vor dem Lehrer auf den Stufen einer Treppe sitzen, sagt: «Um die Natur *zu begreifen, muß man die Natur innerlich in ihrer ganzen Folge entstehen lassen.* [...] Aber die Kunst des ruhigen Beschauens, der *schöpferischen Weltbetrachtung* ist schwer, unaufhörliches ernstes Nachdenken und strenge Nüchternheit fordert die Ausführung, und die Belohnung wird kein Beifall der mühescheuenden Zeitgenossen, sondern nur eine Freude des Wissens und Wachens, eine innigere Berührung des Universums sein.» (Hervorhebungen vom Verf.)

Dieses Element einer geistigen Schulung an der Natur war von Anfang an auch in der Anthroposophie enthalten. Rudolf Steiner betont häufig, es sei ein «Schibboleth», ein Erkennungszeichen der Anthroposophie, *ein neues Lesen im Buch der Natur* zu üben. «Das ist überhaupt der richtige Weg, um in die geistige Welt hineinzukommen: sich recht sinnvoll in die uns umgebende Welt zu vertiefen. Bequemer ist es, auf manch andere Weise in die geistige Welt hineinzukommen, sicherer aber ist es durch das Studium der Erscheinungen, die uns umgeben. Anders spricht ein Mineral, anders eine Pflanze, anders ein Tier, anders ein Mensch –

weil alle diese Wesen eben verschiedene Schriftzeichen sind. Wenn Sie sie sinnvoll betrachten, so bringen sie Ihnen Kunde aus der geistigen Welt. [...] Als wir unsere [anthroposophische] Bewegung begannen, haben manche gesagt: Was uns der erzählt, kann man auch in jedem naturwissenschaftlichen Buch nachlesen. Er redet von Abstammung, vom Kampf ums Dasein und so weiter, – aber wir wollen doch von den Dingen hören, die in der geistigen Welt vorgehen. – Von diesen Dingen ist vielleicht mehr darin als die Leute, welche es verlangt haben, vertragen könnten. Aber der Ausgangspunkt soll von einem sicheren Verständnis unserer unmittelbaren Wirklichkeit genommen werden, nicht von einem bloßen Beschreiben, sondern von dem sinnvollen Verstehen.»[81]

Was heißt nun aber dieses «sinnvolle Verstehen»? Man muß lernen, «in solche bildlichen Vorstellungen einzudringen, die im Sinne des Goetheschen Wortes ‹Alles Vergängliche ist nur ein Gleichnis› die höheren Welten darstellen. So wie der Mensch gewöhnlich durch die physische Welt geht, nimmt er die Dinge auf, wie sie sich seinen Sinnen darstellen, aber nicht das, was dahinter ist. Er wird wie mit einem Bleigewicht in die physische Welt hinabgezogen. Der Mensch wird von dieser physischen Welt erst frei, wenn er lernt, die Dinge um sich herum als Sinnbilder zu nehmen. Deshalb muß er ein moralisches Verhältnis zu ihnen zu gewinnen suchen.»[82] Steiner schildert eine solche Betrachtungsschulung als Vorbereitung für die Entwicklung einer höheren Erkenntnisstufe – der Imagination – und gibt selbst Beispiele dafür, «äußere Erscheinungen als Symbole für Geistiges» zu betrachten: «Zum Beispiel kann er eine Herbstzeitlose und ein Veilchen betrachten. Wenn ich in der Herbstzeitlosen das Symbol für ein melancholisches Gemüt sehe, habe ich sie nicht nur so aufgefaßt, wie sie mir äußerlich entgegentritt, sondern als Sinnbild für eine Eigenschaft. Im Veilchen mag man dagegen das Sinnbild für ein stilles, frommes Gemüt erblicken. [...] Dadurch machen Sie Ihr Vorstellungsvermögen flüssig und lösen es von den scharfen Konturen des sinnlichen Wahrnehmens los.»

Betrachtung des Blühstils einer Einzelpflanze – Der Winterling als physisches Bild des Staunens

Wir wollen in der folgenden Betrachtung nicht von einer Pflanze ausgehen und suchen, welche Gefühle diese (im Steinerschen Sinne) symbolisiert, sondern umgekehrt auf ein Gefühl blicken, das in besonderer Weise in die Jahreszeit, in die Februar-Stimmung hineinpaßt, und von da aus nach der Pflanze schauen, die sich als physische Manifestation dieses Gefühls erweist.

Einen besonderen Rang im menschlichen Gefühlsleben nimmt ohne Zweifel das Staunen ein. Jeder Lehrer, jeder Erzieher, jeder in irgendeiner Weise mit der Bildung anderer Menschen Befaßte sollte sich dieses Gefühl bis in die feinsten Nuancen hinein bewußt machen.

Das Staunen «ist Sehnsucht nach Wissen».[83] Es ist das «Gefühl des Nichtwissens [...], aus dem die Frage erwächst. [...] Es ist nicht das Bewußtsein des Nichtwissens schlechthin [...], denn es liegt darin die Ahnung eines möglichen Wissens. So ist der Staunende zugleich mit dem Bewußtsein des Nichtwissens von der Möglichkeit erfüllt, Wissen zu erwerben.»[84]

Das Nichtwissen ist ein Erlebnis von Dunkelheit. Im philosophischen Staunen wird der Mensch von einem Sein berührt, demgegenüber er sich zwar in der Dunkelheit erlebt, aber doch so, daß ihm in dieser Dunkelheit ein Licht aufgehen kann. Im Dunkel seines Unverständnisses bekommt er die Gewißheit der Lichtfülle eines kommenden Verständnisses.

Um Mariä Lichtmeß, am 2. Februar, herrscht noch Winterdunkel, aber man erlebt zum erstenmal im Jahreslauf die kommende Lichtfülle des aufsteigenden Jahres. Die Altarkerzen für das bevorstehende Jahr – als neues Licht – wurden früher zu diesem Termin geweiht. Simeon im Tempel[85] kann sein Licht (der alten Kultur) schwinden lassen, weil er den Keim kommender Lichtfülle erblickt hat. Das sind wesensverwandte Motive.

Februar-Stimmung ist Staunen. Es ist bekannt, daß Platon vom Staunen sagte, es sei das Grunderlebnis aller Philosophie, wobei unter Philosophie nichts anderes verstanden wurde, «als die wissende Teilhabe an der Wirklichkeit, dem ontos on, dem eigentlich und wesentlich Seienden»,[86] dem Sein des Seienden. «Im Gefühl des Staunens tritt die Welt überhaupt zunächst in den Lichtkegel der Befragbarkeit und Erkennbarkeit. [...] Im [...] Gefühl des Staunens entdecken wir es als den Sinn menschlicher Existenz, daß wir die Welt als etwas Denkbares und Erkennbares vorfinden.» In dem Dunkel der sinnlichen Weltberührung erleben wir anfänglich das Licht der Erkennbarkeit, das Licht der Idee.

Das Staunen ist in der Seelengebärde ein Innehalten, aus dem heraus man eine sich dem Licht des Verstehens öffnende Zuwendung vollzieht. Das Staunen erwächst aus einem inneren Anhalten in Konzentration, aus der heraus sich die Seele in Hingabe weitet.

Der im Frühjahr blühende *Winterling* zeigt dieses Innehalten, dieses Anhalten in Konzentration im Blattbereich. Während die Pflanzen normalerweise die Blätter in zeitlicher und räumlicher Abfolge entwickeln (Abb. 24 I a), werden die drei Stengelblätter des Winterlings in einem Punkt

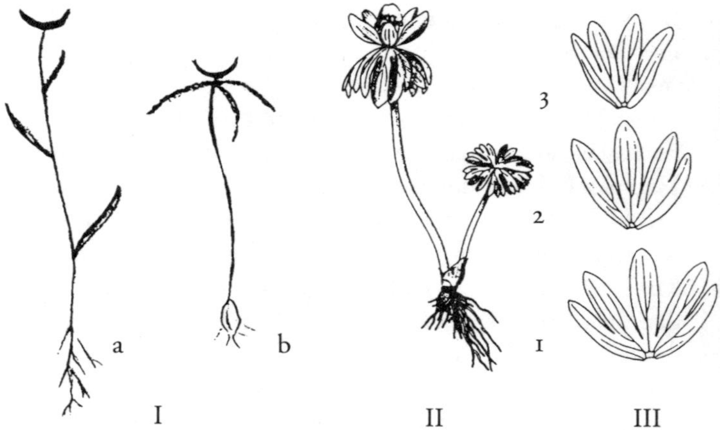

Abb. 24: Winterling (*Eranthis hiemalis*). Ia: Normaler Pflanzenwuchs mit drei aufeinanderfolgenden Blättern. Ib: Die Blätter sind – so beim Winterling – auf einen Punkt zusammengezogen. II: Gerade aufgeblühter Winterling; der dreiblättrige Scheinkelch wird sich flächig ausbreiten. III: Die drei um einen Punkt versammelten Blätter des Scheinkelches bieten nur noch das Bild einer zeitlich-räumlichen Abfolge (1-3).

konzentriert (Abb. 24 I b, II, III 1-3) und bieten als ‹Scheinkelch› nur noch das Bild einer zeitlichen und räumlichen Abfolge. – Aus diesem konzentrierten Innehalten der Pflanzenbildung an einem Punkt weitet sich die Pflanze in der Blüte und wendet sich in öffnender Hingabe dem Licht zu.

In südlichen Breitens[87] verbindet sich die Pflanzenwelt im Winterling zum erstenmal nach dem Dunkel und der Finsternis des Winters wieder mit dem aufkeimenden, neu aufsteigenden Licht. Diese Verbindung ist anfangs noch eine leichte und flüchtige: Der Winterling schließt und öffnet seine Blüten recht sensibel, wenn es trübe und kalt bzw.

licht und warm wird. Diese Blüten sind anfangs zitronengelb und etwas glasig; sie nähern sich in Intensität und Farbton immer mehr dem Scharbockskraut. Wegen des anfangs sehr kurzen Stengels scheinen Blüte und Scheinkelch zu Beginn des Blühens sich unmittelbar über der Erde bzw. über dem Schnee zu befinden. Während des Blühens wächst der Stengel, und die Blüte erhebt sich über die Erde. Überhaupt wachsen die Blätter des Scheinkelchs und auch die Grundblätter – ja die ganze Pflanze – noch lange nach dem Blühen, so daß die verblühte Pflanze wegen der großen Blätter und des längeren Stengels von Ungeübten schwer als «Winterling» erkannt werden kann. So ist das eigentliche Sproßsystem – von einer konzentrierten Knolle ausgehend – zwar wenig entwickelt, vergrößert aber die Teile in einer für Blütenpflanzen ungewöhnlichen Weise nach dem Blühen beträchtlich: als Ausdruck einer zunehmenden Verbindung mit dem Licht.[88]

Diese erste, zarte, reine Berührung der Pflanzenwelt mit dem im Frühjahr um Mariä Lichtmeß neu aufkeimenden Licht wird zur Lichtfülle um Johanni führen, mit der die Pflanzenwelt sich in zunehmendem Maße verbindet – sich tausendfältig ausweitend und verschieden gestaltend. Tausendfältig werden wir als Betrachter von den verschiedenen Pflanzengestalten «angemutet» (Lersch), und in diesen jeweils unterschiedlichen Anmutungserlebnissen erfahren wir ahnend die verschiedenen Pflanzen[89] als Manifestationen des Seelischen im Stofflichen – und die Pflanzenwelt als Gefühlsausdruck der Erde.

Betrachtung der Blühstile von Pflanzengruppen – Die sieben blütenökologischen Typen als Bilder menschlicher Seelenschichten

Die folgende Darstellung baut auf zwei Fundamenten auf – und zwar erstens auf der Darstellung und Erarbeitung der sieben klassischen blütenökologischen Blumentypen in dem obigen (S. 28ff.) Kapitel «Die Blumentypen der Pflanzenwelt», das man immer wieder mit dem folgenden zusammen lesen sollte, und zweitens auf der Darstellung der sieben Regionen der menschlichen Seelenwelt vor allem in der *Theosophie* Rudolf Steiners.[90]

Wir haben oben (S. 70) dargestellt, wie die menschlichen Seelenregungen sich aus einem Zusammenspiel von Sympathie- und Antipathiekräften ergeben: So zieht die *Gier* bestimmte Dinge in der Umgebung an, es herrscht zu ihnen vehemente Sympathie, bzw. Zuwendung, während jedoch das meiste Äußere abgestoßen wird. Im Gegensatz zur Dankbarkeit z.B. herrscht in der Gier eine eigensüchtige Zuwendung zur Umgebung. Es ist keine sich in Hingabe darlebende Sympathie, sondern es soll dasjenige, worauf sich die Sympathie erstreckt, in einen Eigenraum gesogen werden; dieser Eigenraum entsteht, weil alles andere Äußere mit starker Antipathie abgewehrt wird. So hat der Sympathiegestus gegenüber der Welt in der Begierde einen intensiv eigensüchtigen Charakter. Die Vehemenz und Intensität dieses seelischen Gebildes erlebt man als Hitze, als Glut; so spricht man auch von Begierdenglut. Die seelische Schicht der Begierde «bestimmt dasjenige …, was man die niederen *sinnlichen Triebe* nennt», die «vorwaltenden selbstsüchtigen Instinkte» von Mensch und Tier (Steiner).

Was man sich so als «Gestalt» einer Seelenqualität, nämlich der begierdedurchsetzten Schicht des Seelischen, innerlich ausformen kann, findet man besonders deutlich in einem charakteristischen Typ der Fliegenblumen, den Fallenblumen (vgl. Abb. 11, 12, S. 37f.), als stoffliche Gebärde: Die «Blume» (z.B. Spatha der Aronstabgewächse) schließt sich stark allseits nach außen ab, öffnet sich nur nach einer Seite zu; diese Geste der Öffnung wird durchdrungen von dem nach oben ragenden Kolben, der einen Harn- oder anderen Ekelgeruch verströmt. Dieser allgemein für Fliegenblumen charakteristische Ekelgeruch – Ekel ist der Ausdruck großer Antipathie – hat den gleichen Charakter wie die Blütenform: Er wehrt die meisten Tiere ab, nur wenige werden angezogen und erleiden das oben (S. 38f.) geschilderte Schicksal.[91] Das Innere der «Blume» kann bei verschiedenen Aronstab-Arten eine «innere Glut» entwickeln, indem es sich, wie oben beschrieben, 15 bis 18 Grad Celsius über die Umgebungstemperatur erwärmt.

Von den oben dargestellten sieben Blühstilen, sieben Physiognomischen Gruppen des Blühens haben noch zwei weitere einen dunklen, düstern Charakter:

1. Besonders in der Blumenwelt der Tropen (und der Subtropen, s. auch S. 47) verbindet sich das Blühen mit der huschenden Reizbarkeit der Fledermäuse. Diese verfließen ganz in der Umgebung: Sie lösen sich mit ihren dunklen Farben optisch in der Dunkelheit der Nacht auf; ein Teil der bestäubenden Fledermäuse nimmt in der Finsternis im Ultraschallbereich nach dem Echolotprinzip die Außenwelt mit einer kaum vorstellbaren Genauigkeit und Feinheit wahr. Diese Tiere sind in ihrem Wahrnehmen von höchster Reizbarkeit – sie können durch einen recht eng verdrahteten finsteren Raum fliegen, ohne anzustoßen; die nach dem Echolotprinzip wahrnehmenden Fledermäuse nehmen nicht den Gegenstand, sondern den Reflex der eigenen Wirksamkeit auf die Gegenstände wahr. Fledermäuse und

Blüten verfließen auch insofern, als beide häufig den gleichen muffig-säuerlichen Gärungsgeruch besitzen: Das Blühen verbindet sich hier mit der dunklen Welt einer mit der Umgebung verfließenden huschenden Reizbarkeit; es wird so zur Physiognomie, zum Bild einer Schicht unseres Seelischen, in der unsere seelische Innerlichkeit – in den noch nicht Vorstellung gewordenen Sinnesempfindungen – dumpf mit dem Äußeren verfließt. «Wenn ich z.B. die Empfindung der roten Farbe habe, dann empfange ich zunächst einen *neutralen* Reiz aus meiner Umgebung.»[92] Tritt zu dieser Farbempfindung ein Element des Begehrens, des Wohlgefallens, der Abneigung usw., dann kommen andere Seelenwirkungen in Betracht.

Man wird auch erst einmal von der Farbempfindung nur berührt, ohne daß diese von dem Licht des Verständnisses aufgehellt wird, zum Beispiel dadurch, daß einem der besondere Charakter des Roten gegenüber dem Blauen als gesetzmäßige, sinnlich-sittliche Wirkung aufgeht. In dem Verbundensein mit der Welt über die Sinnesempfindungen lebt man also insofern in einem dunklen Raum, als man sich eben in der Nacht des Nichtverstehens dessen, was einen berührt und in einem auflebt, bewegt. Diese Nacht hellt sich erst auf, wenn einem bezüglich der Sinneserlebnisse, der Wahrnehmungen ein Licht aufgeht bezüglich dessen, was ihnen an geistigen Gesetzmäßigkeiten zugrunde liegt und wovon sie Ausdruck sind.

In dieser Schicht des Seelischen halten sich Sympathie und Antipathie das Gleichgewicht. «Das Aufgehen im äußeren Tand des Lebens, die Freude an den vorüberflutenden Eindrücken der Sinne»[93] können Ausdruck dieser seelischen Schicht sein. Man kann sich von «jeder Nichtigkeit des Tages» beeinflussen lassen. Da aber die Sympathie «sich keinem Dinge in besonderem Maße zuwendet, gehen die Einflüsse rasch vorüber», und es wird einem alles das antipathisch, was nicht diesem nichtigen Bereich angehört. Diese seelische Region «fließender Reizbarkeit» (Steiner) wird zum Bild, wenn das pflanzliche Aufblühen sich der Finsternis öffnet und dem Huschen der Fledermäuse hingibt.

2. Auch die Nachtfalterblumen (s. S. 48) öffnen sich in ihrem Aufblühen der Finsternis der Nacht, verströmen dabei jedoch – im Gegensatz zu den Fledermausblumen – einen betörenden Duft. Wie charakteristisch ist z.B. in unseren Breiten der «süße, schwere» Duft von Je-länger-je-lieber in warmen Sommernächten. Die Blütenökologen sprechen von «Parfümduft». Wie Parfum die Wunschnatur des Seelischen anregt, so zeigt auch die häufige Blütenform des sog. «Stieltellers» (s. Abb. 19, S. 51) die Gebärde des Wunsches: Ein weites Sich-Öffnen zur Umgebung, das aber in den engen Eigenraum der Blütenkronröhre mündet, so wie die Seele im Wunsch eine zwar weite, aber doch von verengender Eigensucht durchsetzte Öffnung gegenüber Dingen und Wesen der Welt vollzieht.

Im Wunsch hat «die Sympathie die Oberhand über die Antipathie».[94] Im Wünschen wird die Seele zum Mittelpunkt einer anziehenden Sphäre; diese Anziehung oder Hinneigung zu den Dingen, als Wirkung der Sympathie, wird so von Antipathie durchsetzt, «daß die angezogenen Gegenstände in den eigenen Bereich (der Seele) gebracht werden sollen. Die Sympathie erhält dadurch einen eigensüchtigen Grundton.»[95]

Dieses Wünschen lebt in einem dunklen Raum: Es entfaltet sich reaktiv gegenüber der Welt, und das Treibende des Wunsches, die Sympathie, ist ganz im seelischen Eigenleben beschlossen. Die Wunschnatur des Menschen kann jedoch auch von dem Licht des Bewußtseins und der Erkenntnis durchdrungen werden; dann wandelt sich diese seelische Schicht des Wünschens in menschliches Streben, in strebendes Sich-Bemühen,[96] und somit in eine höhere, noch zu besprechende Region des Seelischen.

Die bisher besprochenen Blühtypen bilden insofern eine Einheit, als sie den Charakter des Finsteren zeigen; man kann ihnen kontrastierend die sich in hellen, leuchtenden, reinen Farben, in feineren Düften und in andersartigen Gestaltungen darlebenden drei Blühtypen der Vogelblumen, der Bienen- und Schmetterlingsblumen entgegensetzen, wie wir es oben (S. 29ff.) getan haben.

Einen Übergang zwischen diesen drei dunklen Typen, den Fliegen-, Fledermaus- und Nachtfalterblumen einerseits und den drei genannten lichten, helleren bilden die Käferblumen (s. S. 57ff.): Sie haben in ihrem Blühen in Verbindung mit den wohl erdgeschichtlich ältesten Bestäubern, den Käfern (s. S. 59), keine Bezogenheit aufeinander entwickelt, jedes blüht bzw. existiert für sich, weder ist die Blüte käferhaft, noch der Käfer im allgemeinen blütenhaft geworden.

In einer bildhaften Entsprechung bleibt die Seele in ihrem elementaren *Behagen*, ihrer Sympathie, und ihrem elementaren *Mißbehagen*, ihrer Antipathie (s.o. Hanslick S. 71f.) ganz in sich. Bei den zuvor besprochenen Seelenschichten – der Gier, dem Wunsch usw. – war immer eine Bezogenheit zum Äußeren; in dieser *Lust- und Unlust-Region* des Seelischen – als *elementarer Grundlage menschlichen Fühlens*[97] – webt das Seelische ganz in sich selbst.

Aus dem Einschlag des Lichts des Begrifflichen in das dumpfe Weben von Lust und Unlust, von Sympathie und Antipathie, aus der zunehmenden Öffnung und Hingabe des Seelischen an das Erhellende von Begriffen und Ideen, bilden und gestalten sich aus den elementaren Anlagen der Sympathie und Antipathie höhere Formen des Gefühls, des

Seelischen aus (vgl. Hanslick S. 71f). Wie läßt sich das konkretisieren?

Ich kann an die Betrachtung dessen, was *Behagen* ist – ein Weben des Seelischen ganz in sich selbst, das davon abhängt, wie die Gefühle der Lust und Unlust in eben diesem Seelischen aufleben –, eine Reihe von Gefühlen, von Seelenhaftigkeit anschließen,[98] z.B. Behagen, Zufriedenheit, Anerkennung, Dankbarkeit, Verehrung, Liebe. Alle diese seelischen Gebilde sind von einem innerlich Identischen, der Sympathie, durchzogen, sie bilden aber doch auch eine Reihe zunehmender Steigerung: Es lebt in ihnen ein sich steigerndes Bewußtsein von der Bedeutung eines Äußeren, z.B. einer Person, eines Wesens, für meine Biographie, und demgemäß ein zunehmendes Sich-Öffnen, eine steigende Hingabe an das Außen, bis ich in der Liebe wie das andere Wesen selbst handle und bin. So kommt es durch den Einschlag des Geistigen zu Metamorphosen des Seelischen, so können sich z.B. Begierden und Triebe wandeln in Interesse, in die «Gier» zu lernen und menschliches Streben als «Trieb», sich zu vervollkommnen.

In ähnlicher Weise gestalten sich die drei lichten Blumentypen, Vogel-, Bienen-, Schmetterlingsblumen, in zunehmender Hingabe an das Licht. Das Blühen wird hier zum Bild eines solchen Seelischen, das sich aus der zunehmenden Durchdringung mit dem Licht geistiger Wesenhaftigkeit gestaltet.

Bei den *Vogelblumen* ist die Beziehung zum Licht zwar sehr intensiv, aber doch äußerlich: Die Farben – sowohl der Blumen als auch der Bestäuber – sind häufig grell und metallisch spiegelnd, die Farbkombinationen werden als «papageienfarben» und als «schreiende» Kontraste charakterisiert: z.B. Rot und Gelb bei der mittelamerikanischen, von Kolibris bestäubten Papageienwinde *(Mina lobata)* ähnlich wie bei der südafrikanischen, von Nektarvögeln bestäubten Fackellilie *(Kniphofia uvaria),* Blau und Orange bei der ebenfalls südafrikanischen und von Nektarvögeln bestäubten Paradiesvogelblume *(Strelitzia reginae).* Neben Blau, Gelb, Rot und Grün finden sich auch schwarze und schwarzviolette Farben. Die mitteleuropäischen Bienen- und Schmetterlingsblumen sind mehr innerlich leuchtend und in ihrer Farbigkeit verhalten, die Farbkombinationen sind harmonisch. Diese Charakteristika in Verbindung mit einer sonnenlichtbezogenen Periodik bzw. Rhythmik (s. S. 45), die den Vogelblumen völlig fehlt, zeigen einen mehr innerlichen Lichtbezug bei Bienen- und Schmetterlingsblumen. Die Vogelblumen zeigen zwar auch einen sehr intensiven Lichtbezug, weisen das Licht in ihrer grellen Farbigkeit und fehlenden Periodik jedoch stark ab; die beiden anderen lichten Blumentypen haben das Licht stärker verinnerlicht. Das Blühen der Vogelblumen entfaltet sich auch ganz für das Auge, nicht für den Geruch: Vogelblumen duften nicht. Dieser bis ins Grelle, Gleisende gehende Lichtbezug der Vogelblumen ist Ausdruck einer «*Region des Seelenlichtes*» (Steiner), aus der *Begeisterung*, die sich bis in das *Schwärmerische* steigern kann, erwächst.

Wir haben oben (s. S. 29) die innerliche Beziehung der *Bienen* und *Hummeln* zum Licht betont, wie sie sich darlebt in leuchtenden Farben und Tagesrhythmen; dieser Lichtbezug ist allerdings bei den *Schmetterlingen* und Schmetterlingsblumen noch ausgeprägter, sowohl was die lichtbezogenen Blührhythmen als auch die leuchtende Blütenfarbigkeit in den Grundfarben Rot, Blau, Gelb anlangt. Den Bienenblumen fehlt das Rot, und sie verbinden sich in den Bienen und Hummeln mit Bestäubern, die in besonderer Weise die Wärme verinnerlicht haben (s. S. 30). Wärme ist Ausdruck von Willen, Tätigkeit. Das Blühen öffnet sich hier der Wärme, der Tätigkeit und Aktivität von Hummeln und Bienen, es verbindet sich mit dem «Bienenfleiß» und ist Ausdruck der Handlungsimpulse, der Tatenlust der Seele, der Region der «tätigen Seelenkraft» (Steiner).

Der sich aus der Puppe befreiende Schmetterling ist in der menschlichen Geistesgeschichte seit dem Griechentum (Plato) immer wieder als Symbol des eigentlichen, vom Körper befreiten *Seelenlebens* angesehen und erlebt worden. So stellt der Schmetterling dasjenige als tierisches Leben dar, was die Pflanze – vor allem in ihrem Blühen – als stoffliches Bild ausdrückt: Das *Leben der Seele.* Rudolf Steiner bringt das als «Ein Geheimnis der Natur» – zu einem Spruch gestaltet – zum Ausdruck:

Schaue die Pflanze!
Sie ist der von der Erde
Gefesselte Schmetterling.

Schaue den Schmetterling!
Er ist die vom Kosmos
Befreite Pflanze.

II
Der Blütenstaub im Gestaltwandel der Pflanze

Die Entwicklung der Einzelpflanze (Ontogenie)

Die innere Identität von Staub- und Fruchtblatt, von Pollensack und Samenanlage

Die «Vergleichung der beiden Geschlechter miteinander ist, zu tieferer Einsicht in das Geheimnis der Fortpflanzung als des wichtigsten Ereignisses, der Physiologie unentbehrlich. Beider Objekte natürlicher Parallelismus erleichtert sehr das Geschäft, bei welchem unser höchster Begriff: die Natur könne identische Organe dergestalt modifizieren und verändern, daß dieselben nicht nur in Gestalt und Bestimmung völlig andere zu sein scheinen, sondern sogar in gewissem Sinne einen Gegensatz darstellen, bis zur sinnlichen Anschauung heranzuführen ist.»[99]

Gestaltungen innerhalb der Blüte, wie sie die Abbildungen 25 (Mitte) und 26 (C2) zeigen, bringen «bis zur sinnlichen Anschauung» die innere Identität dessen, was als nach außen zerstäubendes Staubblatt und als in einem inneren Raum bergendes Fruchtblatt in der entwickelten Blüte als Polarität erscheint: Das gleiche Blatt trägt oben Pollensäcke und im unteren Bereich – sich nur unvollständig zusammenschließend – Samenanlagen (Abb. 25), oder es trägt anstelle eines Pollensacks eine Samenanlage (Abb. 26).

Die Darstellungen a,b,d der Abb. 26 zeigen weitere Zwischenformen von Staub- und Fruchtblatt, bei denen das Gleichgewicht in unterschiedlicher Weise zum Staubblatt

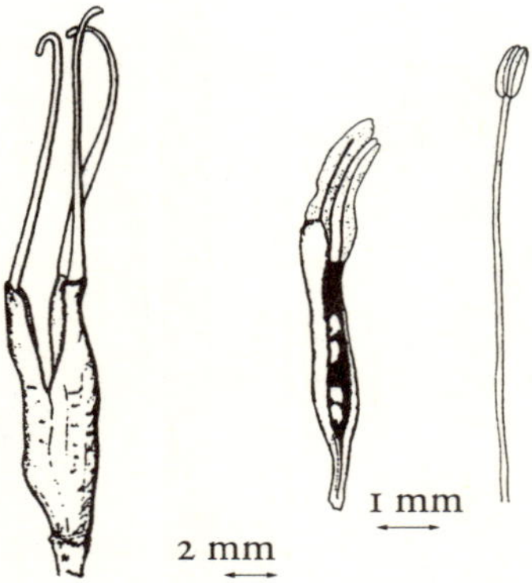

Abb. 25: Saponaria officinalis. Regulär ausgebildeter Fruchtknoten, der nach oben dreiteilig wird; jeder Teil läuft in einem Griffel mit Narbe aus. Rechts: Regulär ausgebildetes Staubblatt. Mitte: Hermaphroditische Form – oben Pollensäcke, unten teilweise offenes Fruchtblatt mit Samenanlagen (nach Astié).

oder zum Fruchtblatt verschoben ist. Fließende Übergänge zwischen Staub- und Fruchtblatt zeigt Bockemühl[100] für die Rose und die Pfingstrose (Abb. 27 a, b).

Besonders die Zwischenformen der Abb. 26 zeigen, daß Staubfäden (Filament) und Griffel (Stylus) keine ursprungsgleichen (homologen) Bildungen sind: Der Griffel entspricht dem oberen, der Staubfaden dem unteren Teil eines Blütenblattes; sowohl Samenanlagen wie Staubbeutel entsprechen dem mittleren Teil. Die außerordentlich verkürzten Staubfäden und Griffel bei hermaphroditischen Blattzwischenformen von z.B. Rosa (Abb. 27a), aber auch Saponaria (Abb. 25) deutet Bockemühl im Sinne eines Konkurrierens von Staubfadenausbildung und Griffelausbildung: Die gegensätzlichen Ausbildungstendenzen «neutralisieren» sich in hohem Grade.[101]

Für das Staubblatt sieht man z.B. sehr schön bei Sapona-

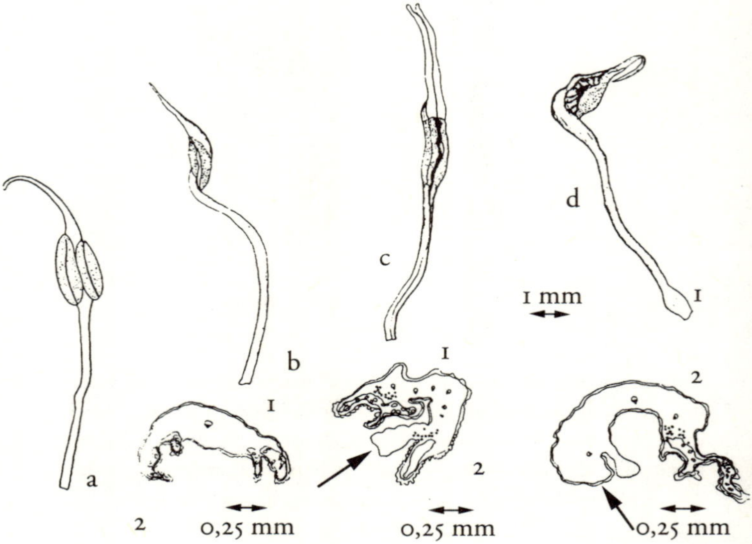

Abb. 26: Saponaria officinalis. Hermaphroditische Formen von Staub- und Fruchtblättern. a: fast regulär ausgebildetes Staubblatt, das Konnektiv (Verbindungsstück zwischen zwei Antherenhälften) zum Griffel verlängert. b 1: Staubgefäß mit z.T. rückgebildeten Pollensäcken, nach oben Griffelbildung. b 2: Schnitt durch b 1. links und rechts z.T. rückgebildete Pollensäcke mit Blütenstaub. c 1: intermediäre Ausbildung – offener Fruchtknoten, Samenanlage, Pollensäcke. c 2: Schnitt durch c 1: eine Samenanlage (Pfeil) nimmt den Platz eines Pollensackes ein. d 1: intermediäre Ausbildung von Frucht- und Staubblatt, d 2: Schnitt durch d 1: linke Hälfte fruchtblattartig mit Samenanlage (Pfeil), rechte Hälfte staubblattartig mit irregulär ausgebildeten Staubbeutel, die jedoch Blütenstaub enthalten (nach Astié).

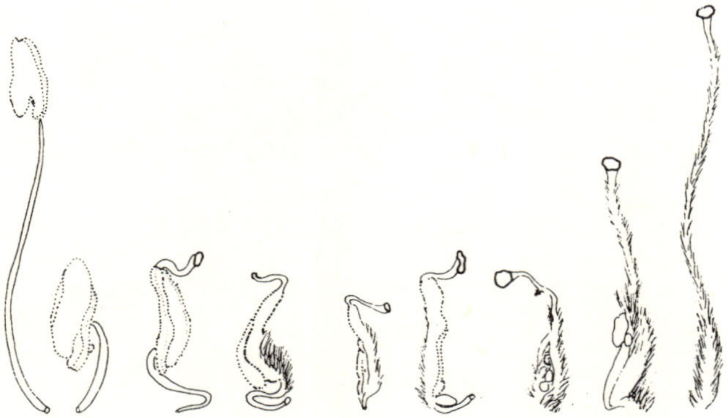

Abb. 27a: Verschiedene intermediäre, hermaphroditische Zwischenformen zwischen einem regulär ausgebildeten Staubblatt (links) und einem Fruchtblatt (rechts) der Rose (nach Bockemühl).

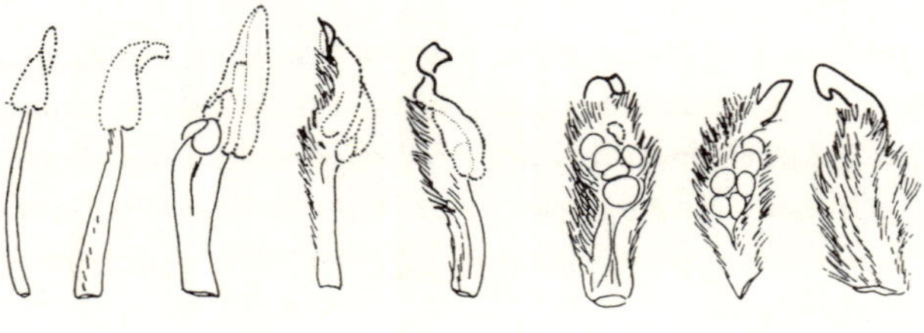

Abb. 27b: Zwischenformen zwischen normal ausgebildetem Staubblatt (links) und Fruchtblatt (rechts) der Pfingstrose (nach Bockemühl). Der besseren Übersicht halber sind die Samenanlagen durchgehend, die Pollensäcke punktiert gezeichnet.

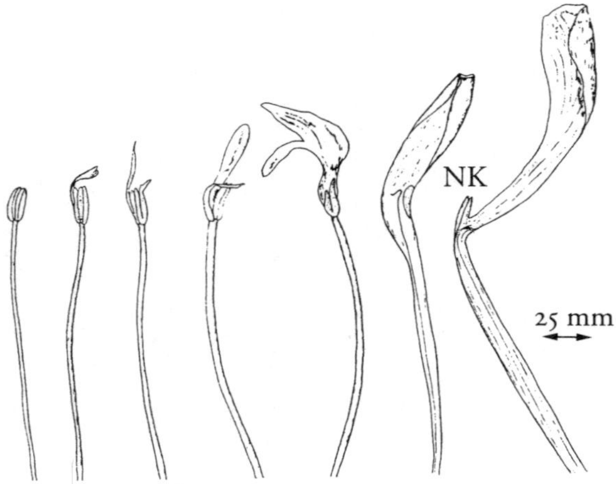

Abb. 28: Zwischenformen als fließende Übergänge zwischen Staubblatt (links) und Blütenblatt (rechts) von Saponaria. Die Zone der Staubbeutelbildung liegt in der Mitte zwischen «Platte» und «Nagel» der Blütenblätter dieses Nelkengewächses, also ungefähr im Bereich der Nebenkrone (NK) (nach Astié).

ria (Abb. 28) anhand von Übergangsformen zwischen Staubblatt und Blütenblatt, daß die Staubbeutel der Mitte des Blattes entsprechen, die Filamente aus dem unteren Blatt gebildet sind – bei den Nelkengewächsen als «Nagel» ausgebildet – und daß der obere Teil des Blattes («Platte») sich in der morphologischen Reihe der Abb. 28 Schritt für Schritt entfaltet.

Astié zeigt, daß die umhüllende Fruchtknotenwand aus dem Rückenteil eines schildförmigen (peltaten) Blattes gebildet wird, dem auch der dorsale Teil einer Anthere entspricht. Eine ähnliche Ursprungsgleichheit beider Bildungen sieht auch Bockemühl.

«Zu bemerken ist, daß die Systeme des Kelches, der Krone und der Staubfäden dem System der Stengelblätter korrespondieren, Pistill, Fruchtbehälter und Frucht aber dem System der Augen angehören. Wer sich dieses anschaulich machen kann, wird einen tiefen Blick in die Naturgeheimnisse tun.»[102]

Der bis zur Blütenbildung immer undifferenziert, embryonal und produktiv bleibenden Keimzone des Pflanzenstengels, dem Vegetationspunkt oder Vegetationsscheitel, entstammt die ganze sichtbare, stoffliche Pflanze. Das von der produktiven Keimzone Hervorgebrachte gestaltet sich zum einen in eine sich verengende, abschließend-zentripetale, lineare Bildung – den *Stengel* als Hauptsproß oder, in den *Augen* der Blattachseln, als Seitensproß, zum anderen in eine sich weitende, umkreisbezogen-zentrifugale, flächige Bildung – das *Blatt.*

Das zur Peripherie sich weitende Blatt stellt ein fertiges, abgeschlossenes Bild des betreffenden Entwicklungszustandes der Pflanze dar, es verliert seine Entwicklungsoffenheit und Plastizität. Der zum Zentrum sich verengende Stengel hält sich in der Qualität der Möglichkeit der Ausbildung, er bleibt plastisch und bewahrt seine Entwicklungsoffenheit, er vermeidet – solange die Pflanze nicht blüht – endgültige Ausdifferenzierung und somit Entwicklungsabschluß. Auf Goethe aufbauend hat Grohmann[103] das «System der Stengelblätter» weiterführend «Blattendenz» und das «System der Augen» «Stengeltendenz» genannt.[104]

Die – wie oben dargestellt – ideell identischen Keime bzw. Keime hervorbringenden Blätter (Staub- und Fruchtblatt) geraten nun ganz unter den Einfluß der zur Peripherie tendierenden Blattendenz (Staubblatt, Blütenstaub) bzw.

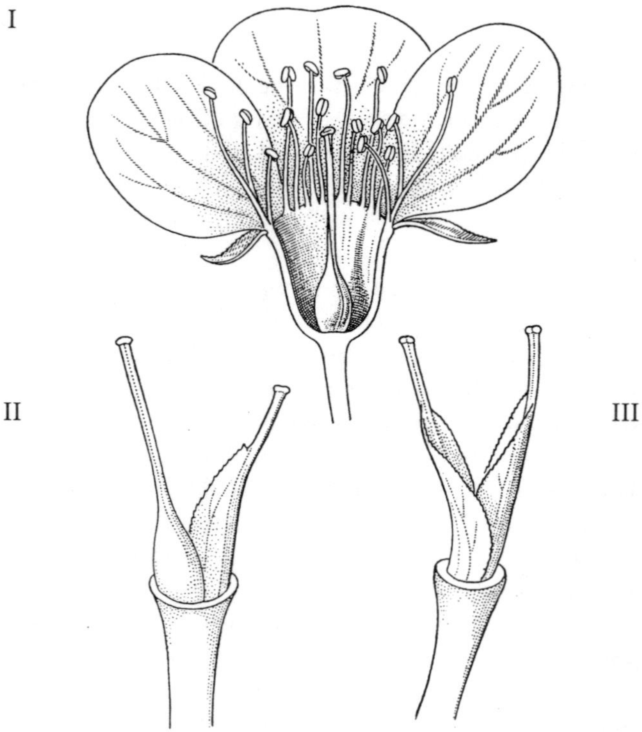

Abb. 29: Blüte der Vogelkirsche im Schnitt – Polarisierung in Staub- und Fruchtblätter, in «veräußerlichte» Staubbeutel und im Fruchtknoten verinnerlichte Samenanlagen II, III. Daß der Fruchtknoten nicht einfach eine Fortsetzung der Blattmetamorphose über die Staubblätter hinaus ist, sondern daß die Blätter als Fruchtblatt in die innigste Verbindung mit dem zentralen Sproß kommen (Stengeltendenz), zeigen die recht häufigen rückschreitenden Metamorphosen der Fruchtblätter zu grünen Laubblättern. Zu betonen ist, daß der Griffel erhalten bleibt und daß der Fruchtknoten mehr dem oberen Blattbereich entspricht. I: *Prunus avicum;* II und III: *Prunus serrulata* (nach Troll 1957).

der sich verengenden Stengeltendenz (Fruchtblatt, Samenanlagen bzw. Embryosack). Während die Pollensäcke durch die wachsenden Filamente in die *Peripherie* befördert werden, werden die Samenanlagen – bei «mittel-», oder unterständigen Fruchtknoten – häufig sogar in der Stengelachse *geborgen* (Abb. 29).

Wo die Staubblätter ihren Blütenstaub (Pollen) in den *Umraum versprühen*, bergen die Fruchtblätter die Samenanlagen mit ihrem Inhalt in einem durch Zusammenwölben der Spreiten gebildeten *Innenraum*. Der Pollen wird noch bei der Bestäubung einen Pollenschlauch bilden, ist aber ansonsten eine *abgeschlossene Bildung*, die mit ihrem aufgrund physikalischer Gesetze funktionierenden Endothezium (Öffnungsmechanismus) eine fein durchgestaltete und *strukturierte* Bildung darstellt. Die Samenanlagen dagegen erhalten sich – ideell – unbegrenzte Entwicklungsoffenheit; die Produktivität des Stengels wird auf sie übertragen und ins Allgemeine gesteigert; sie sind undifferenzierte, plastisch-wäßrige Gebilde ohne festlegende Durchstrukturierung.

Es entsteht so eine größtmögliche Polarität zwischen Staubblatt und Fruchtblatt, zwischen Blütenstaub und Samenanlage mit der Eizelle. Die ganze pflanzliche Evolution läuft auf diese Verinnerlichung der Keime für die neue Pflanze und auf die Polarisierung der letzteren zu den Keimen hin, die als Blütenstaub den Entwicklungsreiz für die Samenanlagen geben müssen. Diese Entwicklung wurde erstmalig 1851 von Hofmeister[105] beschrieben, indem er die Generationszyklen von Moosen, Farnen, Nadelhölzern und höheren Pflanzen verglich und die Homologie des Blütenstaubes und der Embryosäcke mit den Sporen der niederen Pflanzen aufzeigte. Indem es durch die Bestäubung zu einer Überbrückung, zu einer «geistigen Anastomose» (Goethe), zu einer Verbindung der beiden Pole – Blattendenz, Stengeltendenz – kommt, erreicht die Pflanze eine Steigerung: Indem das Sproßwachstum in der Blütenbildung endgültig abschließt, wird die ins Allgemeine gesteigerte Bildefähigkeit des Sprosses – wie oben beschrieben – in die Samenanlagen übernommen «und auf diese konzentriert». So kann die Pflanze über ihr eigenes, «individuelles» Wachstum hinauswachsen: Fortpflanzung ist «Wachstum des Individuums über sich selbst hinaus»[106] (Goethe). Daß tatsächlich das Überbrücken der beiden geschilderten Pole, die auch als männliche und weibliche Blütenteile bezeichnet werden, den Entwicklungsreiz für das «Wachstum des Individuums über sich selbst hinaus» ergibt, für die Samenreife und für das Werden eines neuen Pflanzenkörpers, dafür spricht, daß gerade viele in unserer Vegetation verbreitete Pflanzen nur der Bestäubung der Fruchtblätter bedürfen, nicht unbedingt aber auch der Befruchtung der Samenanlagen. Zum Beispiel Habichtskraut *(Hieracium),* Frauenmantel *(Alchemilla),* Brombeere *(Rubus),* überhaupt viele Rosengewächse u.a. bringen sehr oft oder überwiegend «jungfräulich» ihre Samen hervor.[107]

Die besondere Qualität der pflanzlichen Metamorphose im Blütenbereich

Die Besonderheiten des pflanzlichen Gestaltwandels im Bereich der Blüte sind in zurückliegender Zeit nach verschiedenen Richtungen bearbeitet worden.[108] Hier soll nur eine komprimierte Übersicht über diese Besonderheiten insoweit gegeben werden, als die «gestaltliche Umgebung» der Staubgefäße deutlicher wird.

«Und so entsteht ein Staubwerkzeug, wenn die Organe,

die wir bisher als Kronenblätter sich ausbreiten gesehen, wieder in einem *höchst zusammengezogenen* und zugleich *höchst verfeinerten Zustande* erscheinen», sagt Goethe[109] in der *Metamorphose der Pflanzen* (vgl. Abb. 28).

Nachdem die Pflanze im grünen Blattbereich des vegetativen Sprosses zu den mittleren Stengelblättern hin eine erste Ausdehnung, zum Kelch hin eine erste Zusammenziehung vollführt hat, dehnt sie sich zu den bunten, zarten Blumenblättern der Krone zum zweiten Mal aus, um sich zu den Staubgefäßen und Fruchtblättern im Auseinanderstreben der Bildebewegung der Metamorphose in zwei polar sich ausgestaltende Richtungen (s.o.) wieder zusammenzuziehen. Im Absterben der Blüte erfolgt ja dann in der Fruchtreife die dritte Ausdehnung, in der Samenreife die größte Konzentration, Zusammenziehung überhaupt. Jede dieser drei Phasen von Ausdehnung und Zusammenziehung zeigt einen besonderen Charakter des Gestaltwandels, eine besondere Qualität der Metamorphose.[110] Während im grünen vegetativen Stengelbereich sich die Metamorphose im Nacheinander der zeitlich und räumlich getrennt voneinander entstehenden Blattorgane vollzieht (s. Abb. 20 und o. S. 55), gestalten sich in der Blüte mehrere Blätter im Nebeneinander zu einem Organ (Kelch, Krone usw.) aus. *Jedes Blatt des grünen Sprosses* hat eine bestimmte Stellung innerhalb des Verwandlungszusammenhanges aller Stengelblätter, *jedes Blatt der Blüte* fügt sich in die bildhafte Komposition ein, die jede Blüte darstellt, hat seinen ganz bestimmten Ort in dem in der *Gleichzeitigkeit* entstehenden *Erscheinungszusammenhang*, den jede Blüte repräsentiert (s. S. 16 und 20 Vergleich von Grasblüte und Orchideenblüte).

Zweierlei Bildebewegungen[111] sind im Laubblattbereich höherer Pflanzen zu beobachten: Jedes Blatt hat seine bestimmte Stellung innerhalb der Metamorphosereihe der fer-

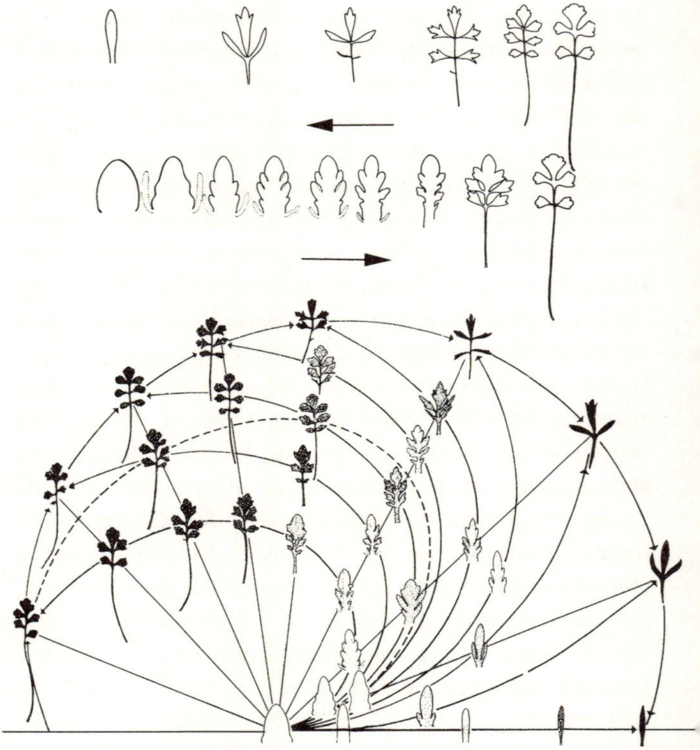

Abb. 30: Gegenläufigkeit von «ideeller» und «reeller» Metamorphose am Beispiel der Gartenkresse *(Lepidium sativum).* In der zweiten Reihe von oben sind von links nach rechts alle Gestaltungsstadien dargestellt, die ein grundständiges Blatt der Kresse im zeitlichen Nacheinander durchläuft, in der obersten Reihe die nacheinander von unten nach oben ausgebildeten Stengelblätter. Die in der Ausbildung des Einzelblattes am Anfang ausgebildeten Formen werden in der Blattfolge des Stengels am Schluß ausgebildet. Diese Gegenläufigkeit der Entwicklung des Einzelblattes und der Formenfolge der Stengelblätter ist darunter für alle Blätter einer Kressepflanze dargestellt (nach Bockemühl).

tig ausgebildeten Stengelblätter («ideelle Metamorphose»[112]) zugleich ist es Endglied seiner eigenen Entwicklung und Umgestaltung («reelle Metamorphose»). Die erste Bildebewegung vollzieht sich an räumlich getrennten, verschiedenen Blattgebilden, die zweite an ein und demselben Blatt. Bockemühl (siehe Anm. 100) hat nun eine Gegenläufigkeit dieser beiden Wandlungen aufgezeigt: Die Anfangsformen bei der Entwicklung des Einzelblattes sind die Endformen in der Wandlungsreihe der Stengelblätter (s. Abb. 30). Im Übergang zur Blüte durchläuft die Bildebewegung einen «Nullpunkt», und die – im Stengelbereich – gegenläufigen Teilbildebewegungen schließen sich zusammen. So vollziehen sich Ausdehnung und Zusammenziehung in der Blüte jeweils an einem Organ (Krone, Staub- bzw. Fruchtblätter), das aus mehreren zyklisch stehenden Blättern besteht. Die Bildebewegung kommt in der Samenanlage zu einer vorläufigen Ruhe (Bockemühl). Nach der Metamorphose im *Nacheinander* (Stengel), dann im *Nebeneinander* (Blüte) folgt eine solche im *Ineinander* bei der Fruchtbildung: Wie bei der tierischen Metamorphose wandelt sich ein und dasselbe physische Gebilde.

Die Evolution der pflanzlichen Verstäubung

Was haben das Stäuben einer Wegwarte, einer Rose, eines Grases einerseits und eines Farnkrauts, eines Schachtelhalmes, eines Bärlapps andererseits miteinander zu tun? Wie kann ich diese ganz unterschiedlichen Erscheinungsweisen pflanzlicher Verstäubung aus dem Bauplan, der inneren Gesetzmäßigkeit, dem Typus der Pflanze – also aus der «Urpflanze» – so entwickeln, daß mir die Unterschiedlichkeit, aber vielleicht auch die innere Identität derselben verstehbar werden? Wie ist also das jeweils unterschiedliche Stäuben bei Farnen, Moosen, Nadelhölzern, Blütenpflanzen aus der jeweiligen Gesamtkonstitution der Pflanze ableitbar? In der *Metamorphose der Pflanzen* schreibt Goethe (Kapitel VI, 50): «Und so entsteht ein Staubwerkzeug, wenn die Organe, die wir bisher als Kronenblätter sich ausbreiten gesehen, wieder in einem höchstzusammengezogenen und zugleich in einem höchst verfeinerten Zustande erscheinen ... wir werden auf diese abwechselnde Wirkung der Zusammenziehung und Ausdehnung immer aufmerksamer gemacht»[113] (Abb. 31). Sind die Farnblätter nun auch als «Staubwerkzeuge» (Goethe) anzusehen? Sie werden nicht in dem Kapitel VI –«Bildung der Staubwerkzeuge» –, sondern im Kapitel X – «Von den Früchten» – beschrieben (§ 77): «Noch stärker und gleichsam ungeheuer wird uns die unmittelbare Fruchtbarkeit der Stengelblätter in den Farnkräutern vor Augen gelegt, welche durch *einen inneren Trieb* und *vielleicht gar ohne bestimmte Wirkung zweier Geschlechter* unzählige des Wachstums fähige Samen oder vielmehr Keime entwickeln und umherstreuen, wo also ein Blatt an Fruchtbarkeit mit einer ausgebreiteten Pflanze, mit einem großen und ästereichen Baume wetteifert.» In einer Fußnote referiert Steiner das zu seiner Zeit *wohl,* zur Goethezeit *noch nicht* vorhandene Wissen über den Entwicklungskreislauf der Farne (Sporangien, Sporen, Vorkeim, Befruchtung, eigentliche Farnpflanze) und sagt dann: «Goethe weist hier nur darauf hin, daß am Blatte unmittelbar, ohne daß erst die höheren Stufen der ‹geistigen Leiter› erstiegen werden, Fruchtorgane sich bilden können, womit eine neue Tatsache für die Verwandtschaft zwischen Blatt und Frucht gegeben ist.»

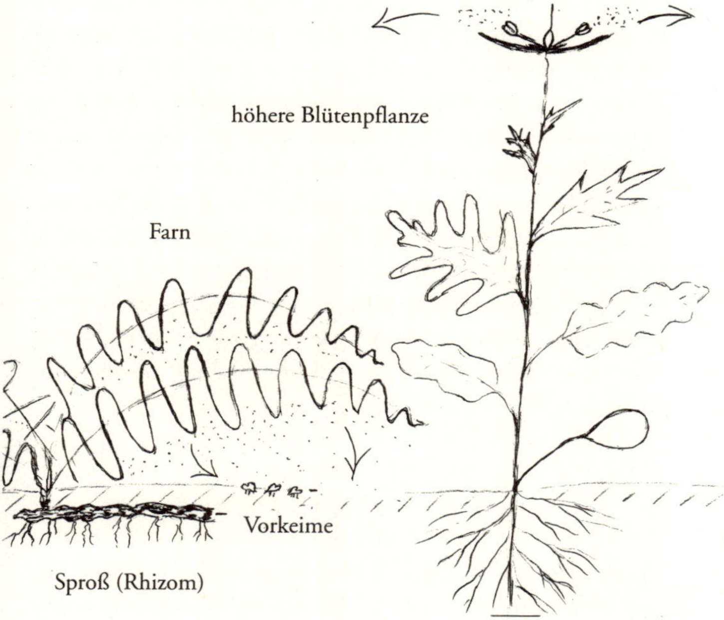

Abb. 31: Schematische Skizze einer stäubenden Farnpflanze und einer stäubenden höheren Blütenpflanze (Bedecktsamer – *Angiosperme).* Das Stäuben der höheren Pflanze entwickelt sich an einem in einen Blütenpol und einen Wurzelpol differenzierten, polarisierten Pflanzenkörper, im Zusammenhang mit dessen zweiter Ausdehnung und Zusammenziehung im Gange der Blattmetamorphose, oberhalb der grünen nährenden Blattregion, die auch die Blüte als heterotrophes Gebilde ernähren muß. Das Stäuben des Farnkrauts entwickelt sich an einem nicht in Wurzel- und Blütenpol polarisierten Pflanzenkörper (unipolarer Keimling – nur ein Sproßpol ist vorhanden) meist an den grünen, nährenden, vegetativen Blättern; der Sproß übernimmt also hier die Funktion der Wurzel, die grünen Blätter die Funktion der Blüte.

In die gleiche Richtung weist Troll, wenn er sagt: Die Farnpflanzen «bilden entweder am gewöhnlichen oder an eigenartig umgestalteten Blättern in den sogenannten Sporangien vegetative[114] Keimzellen, die Sporen aus, mit deren Hilfe sie sich in ähnlicher Weise verbreiten wie die Phanerogamen durch Samen.» «Durch die genialen Untersuchungen Hofmeisters aus dem Jahre 1851»[115] sind ja die grundlegenden Homologien in den Entwicklungszyklen von Moosen, Farnen, Nacktsamern und höheren Blütenpflanzen aufgedeckt worden; auf sie soll später eingegangen werden. Zuvor soll auf die Gesamterscheinung von Farnen, Nadelhölzern und Blütenpflanzen vor dem Hintergrund der eingangs gestellten Fragen geblickt werden.

Arten des Stäubens bei den Farnen

Wenn man in der aufsteigenden Jahreshälfte in regelmäßigen Abständen über eine längere Zeitdauer einen Rippenfarn *(Blechnum spicant)* beobachtet, wird man bemerken, wie sich aus der Rosette der Fiederblätter einige Blätter herausheben (Abb. 32):

- Sie zeigen ein anderes Verhältnis gegenüber der Schwerkraft; ihr Wachstum vollzieht sich in einem größeren Gegensatz zu dieser; die Blätter wachsen annähernd vertikal gegenüber den übrigen horizontal wachsenden. Die Pflanze gewinnt einen stärkeren Bezug zur Höhe.
- Sie erleiden einen Schwund an Vitalität, an Wachstumskraft; die vitale, von Leben erfüllte, stoffwechselaktive grüne Blattfläche wird verkleinert, die Fieder-Rippen der Blätter werden schmäler.
- Die Blattunterseite sieht bräunlich aus und verstäubt.

Abb. 32: Rippenfarn (*Blechnum spicant*). Die stäubenden Wedel sind durch schmale Blattfieder und aufrechte Stellung gekennzeichnet (nach Rasbach).

Der Farn zeigt hier Anklänge an das Verstäuben der höheren Pflanze: Wenn das Leben der Pflanze sich nicht nur als Wachstum und Vitalität äußert, sondern als «Wachstum über das Individuum hinaus» – also als Fortpflanzung, Vermehrung –, wird erstens die Vitalität, die Wachstumskraft zurückgedrängt, und zweitens löst sich die Pflanze vom Erdgrund, in dem sie wurzelt, befreit sich stark vom Wirken der Schwerkraft und gewinnt einen Bezug zur Höhe (vgl. auch den Straußfarn *Struthiopteris* u.a.).

Bei Schachtelhalmarten *(Equisetum)* erbleichen z.T. auch die Sporenblätter (Sporophylle) tragenden Sproßachsen, sie verlieren ihr Blattgrün (z.B. *Equisetum arvense,* Ackerschachtelhalm) und damit einen Teil ihrer vegetativen Produktivität und Vitalität. Schachtelhalm (*Equisetum*), Bärlapp (*Lycopodium*), Moosfarn (*Selaginella*) nähern die Ausgestaltung und Zusammenordnung ihrer Sporophylle nun noch mehr den Staubblättern der höheren Pflanze bzw. den Blüten an, innerhalb deren Komposition die Staubblätter ihren Platz haben: Sie vollziehen die Gestaltungsschritte, die Goethe in der *Metamorphose der Pflanzen* als die für die Blütenregion charakteristischen beschreibt: *Annäherung, Zentralstellung, Anastomose* der Blätter. Es ist ohne weiteres deutlich, daß in den Sporenblattähren der drei genannten Farngruppen die beiden ersten Schritte vollzogen werden, der dritte – die Verwachsung (Anastomose) – findet sich z.B. im Anulus (Ring) am Grunde der Sporophyllähre vom Schachtelhalm. Dieser Ring ist durch die Verwachsung eines Blattwirtels entstanden. Hinzu kommt jetzt als vielleicht gewichtigstes Charakteristikum im Vergleich mit den Staubblättern und der Blüte der höheren Pflanze, daß die *Wachstumskraft* des Sprosses mit der Bildung der Sporophyllähren – ebenso wie bei der Blütenbildung der höheren Pflanze – *erstirbt,* erlischt und sozusagen ganz Platz gibt der höheren Form des Wachstums, der metamorphosierten Wachstumskraft, dem «Wachstum des Individuums über sich selbst hinaus». In Anfängen sahen wir diese Erscheinung schon beim Rippenfarn.

Bei der Natternzunge (*Ophioglossum*) und der Mondraute (*Botrychium*) differenziert sich das dreidimensionale Blatt in einen stäubenden und einen nährenden Teil. Hier zeigen sich in den verschiedenen Blatteilen die gleichen charakteristischen Unterschiede *in einem Blatt,* wie sie oben für die stäubenden, der Vermehrung und der Ernährung dienenden Farnblätter beschrieben worden sind. Die ganze verzweigte oberirdische Pflanze, die einem Wurzelstock entspringt, ist ein Blatt; das ergibt sich aus der Entwicklungsgeschichte (Abb. 33). Zum Teil bei Moosfarn (*Selaginella*), Brachsenkraut (*Isoetes*), Schwimmfarnen (*Salvinia und Azolla*), Kleefarn (*Marsilea*) und beim Pillenfarn (*Pilularia*) (Abb. 34) sehen wir dann ungleich große, sich unterschiedlich entwickelnde Sporen entstehen, die dann auch für die höhere Pflanze charakteristische, sogenannte Verschiedensporigkeit (Heterosporie). Die Gabelblattgewächse (*Psilotum, Tmesipteris*), die als besonders urtümlich gelten, müßten gesondert besprochen werden: Ihre verwachsenen Sporenkapseln (Synangien) sitzen in der Achsel von Schuppenblättern auf sehr kurzem Stiel.

Der Pflanzentypus in seiner Ausprägung als Farn und als Blütenpflanze

So kann man innerhalb der Farne verschiedene Formen stäubender Blätter und verschiedene Ausprägungen des Stäubens beschreiben, der Typus des Farnes ist jedoch das «Farnkraut», z.B. der Wurmfarn, der Adlerfarn usw. Von ihm soll im folgenden die Rede sein, wenn wir den Farn, das Farnkraut mit der höheren Pflanze vergleichen. Die Farnkräuter sind vor allem Pflanzen, die schattige Feuchte lieben, z.B. den tropischen Regenwald (vor allem Berghänge). Sie sind – im Gegensatz zu den Algen – Landpflanzen, haben die Erde aber noch nicht richtig ergriffen: Viele Farne sind Epiphyten, vor allem aber fehlt den Farnen der eigentliche Wurzelpol (vgl. Abb. 31), alle Wurzeln sind sproßbürtig.[116] Die Keimlinge der Blütenpflanzen haben neben dem

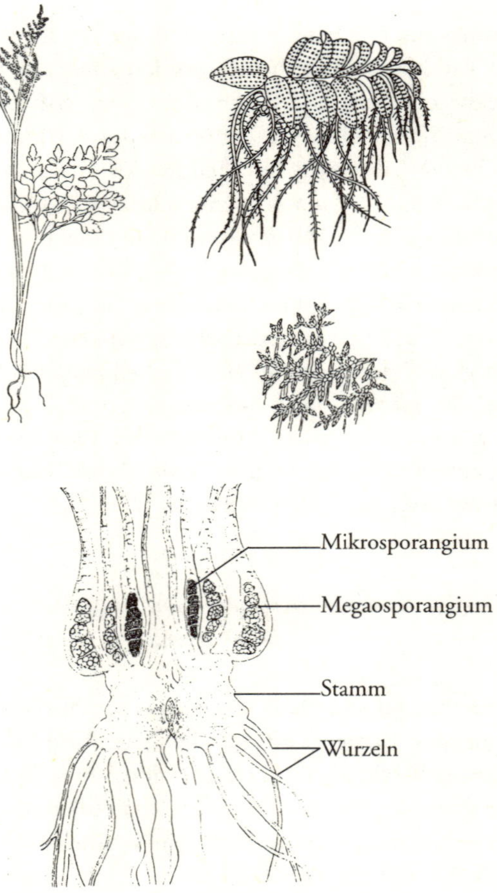

Abb. 33: Links oben: Vielteiliger Rautenfarn *(Botrychium multifidum);* rechts oben: Gemeiner Schwimmfarn *(Salvinia natans);* darunter rechts Mitte: Großer Algenfarn *(Azolla filiculoides);* zuunterst: See-Brachsenkraut *(Isoetes lacustris.* Die ersten drei nach Rothmaler, das letzte nach Smith).

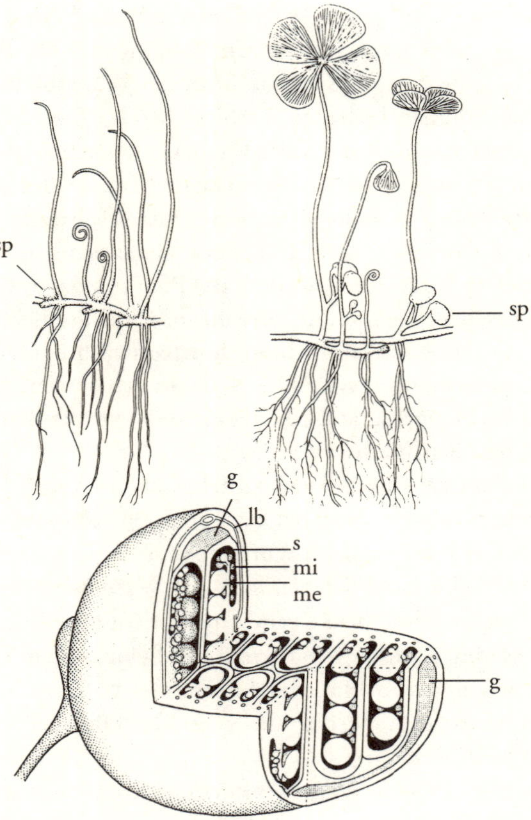

Abb.34: Links oben: Kugel-Pillenfarn *(Pilularia globulifera)*; rechts oben: Vierblättriger Kleefarn (*Marsilea quadrifolia*); unten: Verinnerlichte Sporenbildung in einem umhüllenden Blatt *(Sporokarp)*. sp – sporokarp, g – Gallertring, lb – Leitbündel; S – Sorussäckchen, mi – Mikrosporangium, me – Meg-(Makro)sporangium (oben nach Bischoff, Sporokarp nach Mägdefrau).

Sproßpol einen eigenen Wurzelpol, die Wurzeln sind eigenständige, vom Sproß verschiedene Bildungen.[117] Die Blütenpflanze läßt ihr Sproßwachstum in der Blütenbildung ersterben, Blühen bedeutet Wachstumsende, Tod; die Wurzeln dagegen sind von großer Vitalität, sie wachsen potentiell unbegrenzt. Zwischen diesen beiden Polen[118] der Blütenpflanze, dem Vitalitätspol unbegrenzten Wachstums in der Wurzel einerseits, dem Blütenpol andererseits mit dem «Tod» des Wachstums, in dem die Pflanze zwar zur höchsten Erscheinung kommt, aber ihr individuelles Leben verliert, um über das Individuum hinauszuwachsen, liegt der beblätterte Stengel (vgl. Abb. 31), der in sich die Vertikaltendenz des Stengels und die Horizontaltendenz der Blätter im rhythmischen Wechsel vereint.

Da dem Farn der Wurzelpol fehlt, kann er auch keinen Blütenpol bilden. Nur bei den Pflanzen, die von einem eigenen erdzugewandten Wurzelpol aus die Erde ergreifen, als wirkliche Landpflanzen sich im Wurzelwerk mit der Erde verbinden und so eigentlich erst richtig «auf der Erde angekommen sind», wendet sich das Stäuben dem durchlichteten und von Insekten durchlebten Luftkreis zu und kann ein in die Höhe, über den vegetativen Bereich gehobener Prozeß werden.

Bei den Farnen dagegen wendet sich das Stäuben der Dunkelheit und Feuchte der Erde zu, wie bei der höheren Pflanze der Same – und in der Tat hat der Farnstaub ja auch Samenfunktion, indem aus ihm die Vorkeime hervorgehen, auf die die eigentliche Farnpflanze die mit der Geschlechtlichkeit zusammenhängenden Prozesse absondert (vgl. Troll Anm. 115).

Ein Schema möge das Ausgeführte kurz zusammenfassen.

	Höhere Pflanze		*Farn*		
zur Blüte	Blüte		(Blüte)		
Steigerung		Blatt- tendenz		Blatt- tendenz	Blüten- funktion
und	vegetativer		vegetativer	mit	
	Sproß	Stengel- tendenz	Sproß	Stengel- tendenz	Wurzel- funktion
Polarität	Wurzel		(Wurzel)		

Manifestiert sich die Pflanze als Farn, dann kommt es auf Grund fehlender Polarisierung nicht zu einer Steigerung der Bildung z.B. in der Blüte; es wird nur der mittlere vegetative Bereich der höheren Pflanze ausgebildet, dessen Blattendenz bei den Farnkräutern die Blütenfunktion und dessen Stengel die Wurzelfunktion übernehmen (Wurzelstock, Rhizom).

Betrachtet man die gesamte Gruppe der Farne, so wirkt diese wie eine «auseinandergelegte» höhere Pflanze.[119] Die Farnkräuter repräsentieren vor allem die Blattendenz und – im Anklang – die hiermit im Zusammenhang stehenden Blütenteile (Blüten-, Staubblätter; siehe das Kapitel «Der Blütenstaub im Gestaltwandel der Pflanze»), die Schachtelhalme – mit ihren z.T. metertiefen Rhizomen – das Wurzelhafte und, sehr einseitig, die Stengeltendenz und im Anklang die hiermit im Zusammenhang stehenden Blütenteile wie Fruchtknoten, Samenanlagen – besonders wenn man fossile Formen mit einbezieht. Die Moosfarne (und Bärlappe) betonen «im Anklang» an die höhere Pflanze am meisten den Blütenpol: Sie sind in der Regel Epiphyten, die oft von ihren luftigen, wenig «geerdeten» Standorten Wurzelträger erdwärts senden, die dann ihrerseits sproßbürtige Wurzeln bilden (Abb. 35).

Sie bilden, wie die Schachtelhalme, zapfenförmige Blüten

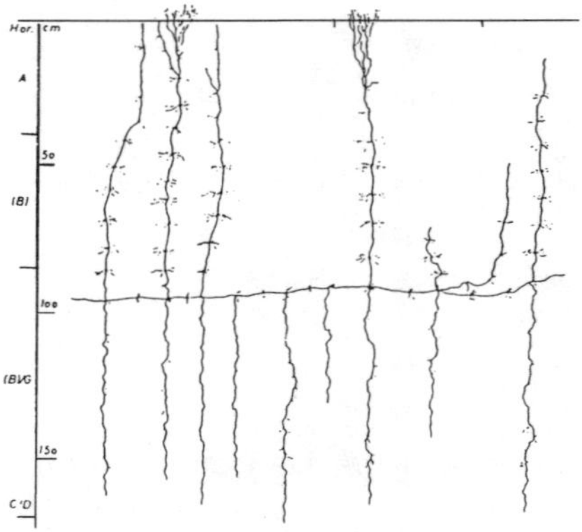

35a

Die Schachtelhalme leben hauptsächlich im Boden. Die extremsten sind so weit vom Stäuben entfernt, daß ihre Sporen nur noch auf besondere Sprossen, den Sporenträgern, entstehen können. Ackerschachtelhalm *(Equisetum arvense)* unter einem abgeernteten Gerstenfeld.

Abb. 35a – c: Die Farnkräuter zwischen Erdenfesselung und Erdenflucht

aus, bei deren Bildung das Sproßwachstum endet, «erstirbt».

Die Polarität zwischen der Erdenfesselung der Schachtelhalme einerseits und der Erdenflucht der Moosfarne andererseits kommt am deutlichsten in jener gegensätzlichen Gestaltung zum Ausdruck, innerhalb derer die Sprosse der Schachtelhalme im charakteristischen Falle als Wurzelsprosse so tief unter der Erdoberfläche horizontal das Erdreich durchstreichen, daß besondere Sproßträger zur Erdoberfläche gesandt werden müssen, denen dann die grünen assimilierenden bzw. die Sporangien tragenden oberirdischen Sprosse aufsitzen, während hingegen die typischen Moosfarne ihre Sprosse so weit über der Erdoberfläche ausbilden, daß besondere Sprosse – die oben genannten «Wurzelträger» oder Rhizophoren – nach unten zur Erde gesandt werden, um die Pflanze im Erdreich durch sproßbürtige Wurzeln zu verankern. Zwischen diesen beiden Extremen hält sich das typische Farnkraut in der Mitte.

35b

Die Farne leben im mittleren Bereich. Das Ausstäuben kann aus ihren Wedeln, das Einwurzeln aus ihren Achsen hervorgehen.
Straußfarn *(Matteuccia struthiopteeris)* in einem Auenwald. In der Mitte die sporenbildenden Wedel. (Nach Bünsow unveröffentlicht).

35c

Die Bärlappgewächse leben hauptsächlich über dem Boden. Die extremsten, die Moosfarne *(Selaginella)* sind so weit vom Einwurzeln entfernt, daß ihre Wurzeln nur noch aus besonderen Sprossen, den Wurzelträgern, hervortreten können.
Moosfarn *(Selaginella sp.)* aus einem Gewächshaus.

Verstäubung und Geschlechtlichkeit in der pflanzlichen Evolution – vier Entwicklungslinien

Verstäubung und Geschlechtlichkeit stehen im Zusammenhang mit der Fortpflanzung. Goethe sah die Fortpflanzung vor dem Hintergrund der Pflanzenmetamorphose ganz in ihrer Identität mit dem Wachstum der Einzelpflanze. In diesem ganzen Zusammenhang – Wachstum, Fortpflanzung, Verstäubung, Befruchtung, Geschlechtlichkeit – gibt es nun bestimmte Evolutionslinien, die man nicht im Sinne einer immer besseren Anpassung sehen kann – denn alle Glieder dieser Entwicklungslinien sind optimal an ihre Umwelt angepaßt –, sondern im Sinne einer zunehmenden Individuation, d.h. vor allem einer zunehmenden Unabhängigkeit von der Umwelt.[120]

Wir wollen die wichtigsten Entwicklungslinien darstellen

1. Geschlechtlichkeit

Für den zu betrachtenden Zusammenhang innerhalb des Pflanzenreichs ist die Gruppe der Farne so etwas wie ein Schlüssel. Die eigentliche Pflanze, das Farnkraut, ist ohne Geschlechtlichkeit (vgl. oben das von Goethe, Steiner, Troll ausgeführte.) Die unmittelbar aus dem Zusammenhang des vegetativen Lebens hervorgehenden Sporen erzeugen wie die Samen der Blütenpflanzen ohne Geschlechlichkeit neue – allerdings anders geformte, kleinere – Farnpflanzen, die grünen, lebermoosähnlichen, herzförmigen Vorkeime (Prothallien). Der Farn, wie im vorhergehenden Kapitel gezeigt, entspricht sozusagen der Mitte, dem grünen beblätterten Sproß der Blütenpflanze, dem eigentlich «Pflanzenhaftesten» in der Pflanze, denn hier vollziehen sich mit Hil-

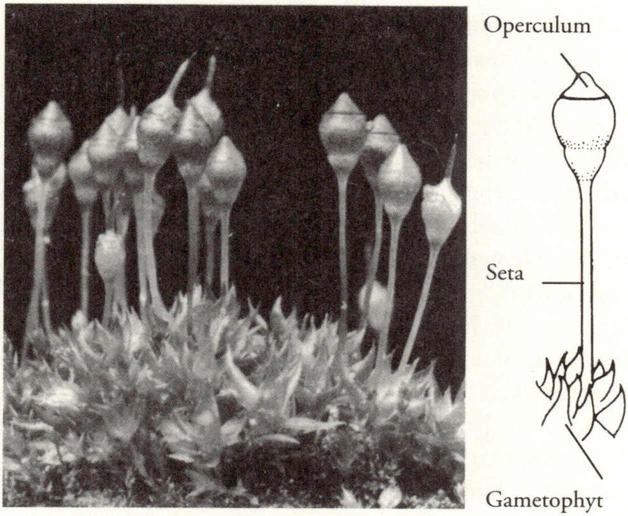

Abb. 36: Laubmoos mit Sporenkapsel (Blasenmütze – *Physcomitrium turbinatum)* Gametophyt – Geschlechtspflanze; Seta – Stiel der Sporenpflanze; Operculum – Deckel der Sporenkapsel (nach Raven).

fe des Blattgrüns die Aufbauprozesse, wovon auch Blüte und Wurzel ernährt werden. Der Farn repräsentiert ganz rein das vegetative Leben, den eigentlichen Pflanzenprozeß, die Ganzheit der Lebensvorgänge (Ätherleib). Manifestiert sich der Pflanzentypus in dieser Gestalt, eben als Farn, dann *sondert er das Animalische*, das Tierische ganz *von sich ab* auf einen zweiten Pflanzenkörper, mit dem er aber doch in einem Entwicklungszusammenhang bleibt. Ein merkwürdiger Gestus im Pflanzenreich! An ihn anknüpfend wollen wir im nächsten Abschnitt die viel umstrittenen, heute in dieser Form überholten Ansichten Schelvers und Henschels besprechen, die eine Geschlechtlichkeit bei Pflanzen überhaupt in Abrede stellen, und die sehr differenziert zu betrachtende Sympathie Goethes für diese Ideen!

Normalerweise bedeutet die Reduktionsteilung bei der Sporenbildung einen Übergang von der Diplo- in die Haplophase der Pflanze, also von Zellen mit doppeltem zu Zellen mit einfachem Chromosomensatz. Die haploiden Geschlechtszellen (Gameten) der haploiden Geschlechtspflanze (Gametophyt – der Vorkeim) bilden bei ihrer Vereinigung dann wieder eine diploide Zelle (Zygote). Insofern sieht man die Reduktionsteilung (Meiose) bei der Bildung der Farnsporen als Beginn der geschlechtlichen Fortpflanzung an, weil sie die Voraussetzung schafft, daß mit der Halbierung der Chromosomensätze bei der Vereinigung der beiden Geschlechtszellen während der Befruchtung immer nur diploide Zellen entstehen und die Chromosomensätze nicht ins Unermeßliche anwachsen. Nun bilden aber verschiedene Farne (z.B. *Dryopteris pseudomas)* diploide Sporen, aus denen diploide Gametophyten (also Vorkeime) entstehen und daraus ohne Befruchtung – die Eizellen sind auch diploid – neue Sporophyten, die eigentliche sporenbildende Farnpflanze. Auch bei den Samenpflanzen kommt es nicht selten aus unbefruchteten Eizellen zur Bildung neuer Pflanzen (Jungfernzeugung, Parthenogenese, siehe unten).

Aus solchen Beobachtungen heraus ist es berechtigt, *das Verstäuben der Farne (wie auch der höheren Blütenpflanze) als ein eigenständiges, sich aus sich selbst erklärendes Phänomen* anzusehen, unabhängig von der Funktion, die es auch im Rahmen der geschlechtlichen Fortpflanzung übernehmen kann. «Trotz der häufigen Kopplung von Kernphasen- und Generationswechsel[121] handelt es sich um ursprünglich getrennte und verschiedenartig endogen und exogen determinierte Erscheinungen.»[122]

So wirkt die Geschlechtlichkeit auch auf dieser Ebene der

Existenz der Farne wie etwas «Hinzugekommenes», wie etwas nicht unbedingt Notwendiges, Fremdes. Hieraus ist besser zu verstehen, daß Goethe bemüht war, die Verstäubung geistig anzusehen «als Symptom(e) einer unaufhaltsam vorschreitenden, von Leben zu Leben, ja durch Vernichtung zum Leben hineilenden Organisation»,[123] oder wenn er mit seinem Zeitgenossen, dem Botaniker Schelver fragt: «Warum soll denn nicht [im Gange der Metamorphose] also diese letztere Verstäubung auch nur eine Befreiung sein vom lästigen Stoff; damit die Fülle des eigentlichst Innern endlich aus lebendiger Grundkraft zu einer unendlichen Fortpflanzung sich hervorthue?» Die Verstäubung war für Goethe ein Symptom, ein Gestaltungsgestus «der unaufhaltsam vorschreitenden ... Organisation» der Pflanze, ihres «eigentlichst Innern», also dessen, was als Pflanzenhaftes in der Pflanze, als Typus in der Lebensorganisation, im Lebensleib der Pflanze anwesend ist. Nun zeigen die Geschlechtspflanzen (Vorkeime, Gametophyten) der *Farne* jedoch in der Tat Gemeinsamkeiten mit der tierischen Geschlechtlichkeit, vor allem in den durch Äpfelsäure, Zitronensäure u.a. angelockten, tierisch beweglichen Spermatozoiden.

Bei den *Moosen* dominiert die Geschlechtspflanze sogar; sie ist das «eigentliche Moos», während die ungeschlechtliche Sporenpflanze als – meist gestielte – Sporenkapsel der ersteren aufsitzt (Abb. 36). Bei *Pilzen* und *Algen* findet sich eine reiche Ausprägung und Vielgestaltigkeit pflanzlicher Geschlechtlichkeit.

In der Dreiheit von *Rot-, Grün-* und *Braunalgen* scheint die dreigliedrige höhere Pflanze (farbige Blüte, grüner beblätterter Stengel, Wachstumstendenz von Wurzel und Stengel) auf ganze, sehr umfangreiche Pflanzengruppen aufgeteilt zu sein. Die *Grünalgen* bilden häufig zwei gleich-

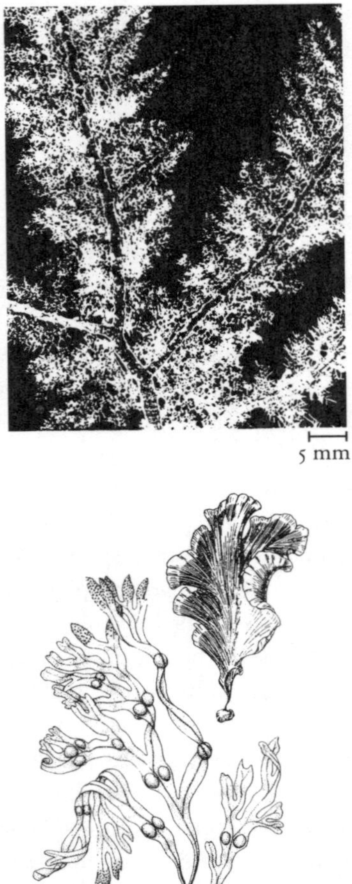

Abb. 37: Mitte: Grüner Meersalat *(Ulva lactuca;* nach Kuckuck); oben: feinverzweigte Rotalge (*Pleonosporium dasyoides;* nach Raven); unten: Blasentang, eine häufige Braunalge (*Fucus vesiculosus;* nach Mägdefrau). Zu den Wachstumszonen bei Algen vgl. Abb. 42 und 43; zur verinnerlichten Fortpflanzung vgl. Abb. 46 a,b,c.

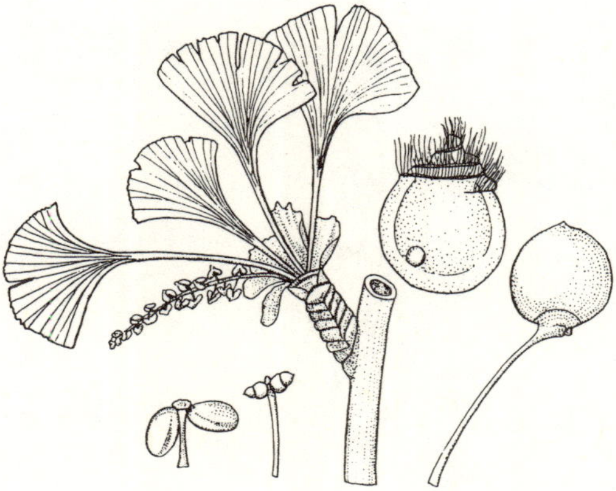

Abb. 38: Blätter und Blütenstand vom Gingkobaum *(Gingko biloba);* links unten: männliche und weibliche Blüten; ganz rechts: Frucht; rechts mit dem spiraligen Wimpernband: beweglicher Spermatozoid, 200mal vergrößert (nach Shimamura).

gestaltete Generationen – die eine sich geschlechtlich, die andere sich ungeschlechtlich fortpflanzend (Abb. 37, 43, 46a). Die Grünalgen finden sich vor allem in den Meeresgebieten der gemäßigten Breiten. Die wärmere Meere bevorzugenden Rotalgen zeigen die kompliziertesten Fortpflanzungsverhältnisse: Bei den meisten stehen drei Generationen in einem Entwicklungszusammenhang, von denen sich die eine geschlechtlich vermehrt; zwei Generationen sind häufig gleichgestaltet (Abb. 37, 46b). Die *Braunalgen* mit ihrer außerordentlichen Wachstumskraft – *Macrocystis* gehört zu den größten Pflanzen überhaupt – und ihrem Vorkommen vor allem in kalten Meeren neigen dazu, die Geschlechtspflanze immer mehr zu unterdrükken (Abb. 37, 46c). In allen drei Algengruppen finden sich Formenkreise, die keine beweglichen Spermatozoiden aus-

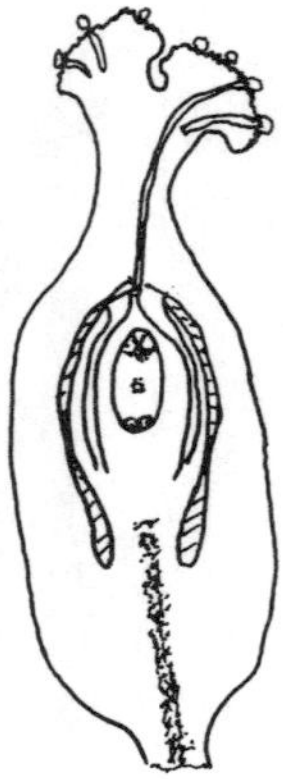

Abb. 39: Fruchtknoten einer Blütenpflanze. Auf der Narbe zahlreiche Pollenkörner; ein Pollenschlauch zur Öffnung der Samenanlage (Mikropyle) durchgewachsen; der von den Integumenten ein gehüllte Embryosack (nach Schenck).

bilden, die Rotalgen bilden nie bewegliche Geschlechtszellen.

Ein solches Zurückdrängen des eigentlich Animalischen pflanzlicher Sexualität vollzieht sich innerhalb der Nadelhölzer: Die farnähnlichen Nacktsamer, die Cycas-Verwandten, und der Gingko-Baum haben noch bewegliche Spermatozoiden (Abb. 38), alle übrigen Nacktsamer und höhere Pflanzen nicht mehr. Die ursprünglich einheitlichen Sporen differenzieren sich in solche, die nur Träger des männlichen, befruchtenden Prinzips werden (Blütenstaub), und solche, die Träger des weiblichen, empfangenden Prinzips sind (Embryosack mit der Eizelle, Abb. 39).

Eine sehr auffallende Erscheinung innerhalb der Geschlechtlichkeit der höheren Pflanze ist die «*doppelte Befruchtung*»: Von den Pollenschlauchkernen befruchtet der

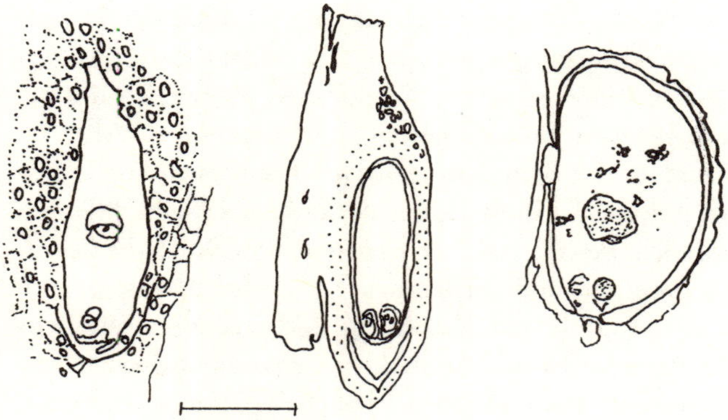

Abb. 40: Links: Embryosack einer höheren Blütenpflanze. In der Mitte verschmelzen zwei Polkerne mit einem Spermakern zum triploiden Endosperm, unten der zweite Spermakern mit dem Eikern zur diploiden Zygote. Mitte: Embryosack der Kiefer (=Megaspore); darinnen der weibliche Gametophyt, als Nährgewebe ausgebildet, das zwei Archegonien (weibliche Fortpflanzungsorgane) enthält. Rechts: Befruchtung bei der Kiefer: Ein Spermakern vereint sich mit dem Eikern, der zweite – darunter – wird aufgelöst (nach Raven).

eine die Eizelle, der andere das Verschmelzungsprodukt zweier haploider vegetativer Zellen bzw. der beiden Polkerne (Zellen des Gametophyten). Es entwickelt sich jetzt ein merkwürdiger Gestus: Aus der befruchteten Eizelle wird der sich entwickelnde Embryo, aus der befruchteten vegetativen «Zelle»[124] das (triploide) Nährgewebe[125] für den Embryo; das eine – die befruchtete Eizelle – setzt sich in der Entwicklung des Embyos *«egoistisch»* durch, das andere – die befruchtete vegetative Zelle – gibt sich dem Embryo und seiner Entwicklung – zum Nährgewebe ausgestaltet – *«altruistisch»* hin (Abb. 40).

«Diese sog. doppelte Befruchtung ist eines der Hauptmerkmale der Angiospermen.»[126] Sie findet sich nur bei den höheren Blütenpflanzen. So entstehen im Bereich des Lebens bei den Blütenpflanzen in einzigartiger Weise auf Grund zweier Befruchtungen zwei Lebewesen, von denen sich das eine der Entwicklung des anderen hingibt. Pflanzen sind nicht beseelt, zu ihnen passen nicht wirklich die Begriffe «egoistisch» und «altruistisch». Wie oben dargestellt (vgl. S. 70ff.) sind sie jedoch stoffliche Bilder, sinnlich-physische Manifestationen einer seelisch-moralischen Ordnung.[127]

Charakteristisch für die pflanzliche Geschlechtlichkeit ist weiterhin die Tatsache, daß gerade aus sehr hoch entwickelten Pflanzengruppen, z.B. Rosengewächsen *(Rosaceae),* Korbblütlern *(Asteraceae),* Gräsern *(Poaceae),* sich zahlreiche Vertreter ohne Befruchtung fortpflanzen (sog. Apomixis), so z.B. zahlreiche Arten aus den Gattungen Brombeere *(Rubus),* Frauenmantel *(Alchemilla),* Eberesche *(Sorbus),* Rose *(Rosa),* Löwenzahn *(Taraxacum),* Habichtskraut *(Hieracium),* Rispengras *(Poa)* und viele andere. Häufig entwickelt sich der Embryo aus dem unbefruchteten Ei (Parthenogenese), das dann oft diploid ist, oder aus anderen Zellen im Innern des Embryosacks. Häufiger ist als Entwicklungsprinzip zwar eine Bestäubung der Narbe mit Pollen (Blütenstaub) vonnöten, es kommt aber nicht zur eigentlichen Befruchtung (sog. Pseudogamie). Diese ungeschlechtliche Entwicklung von Samen (Agamospermie) ist etwas anderes als die bei einer Unzahl von Pflanzen zu beobachtende vegetative Vermehrung durch Ausläufer, Zwiebeln, Brutknospen u.a., die – im Kontrast zum Tier – die Pflanze und pflanzliche Geschlechtlichkeit in auffallender Weise beleuchtet und charakterisiert.

2. *Zunehmende Trennung von vegetativem Wachstum und Wachstum über das Individuum hinaus (Fortpflanzung)*

Eine solche Entwicklung läßt sich schon innerhalb der Algen beobachten; zum Beispiel kann innerhalb der Grünalgen beim Meersalat *(Ulva;* Abb. 37) jede vegetative Zelle auch Fortpflanzungszelle werden, während bei anderen Grünalgen, z.B. den im Süßwasser vorkommenden Armleuchteralgen – *Chara spec.* (s. Abb. 43, 46a) – oder auch den Oedogoniales, die Fortpflanzungszellen streng getrennt vom Bereich vegetativen Wachstums in besonderen, zum übrigen Pflanzenkörper *isolierten* Bildungen (Sporangien, Gametangien) entstehen.

Bei den Sproßpflanzen *(Kormophyta*: Farne, Nadelhölzer, höhere Blütenpflanzen) zeigen die Farnwedel – wie oben dargestellt – ein Miteinander, eine Vermischung von Wachstum und Fortpflanzung: Die Sporangien sind auf den grünen Farnblättern verteilt. Schon innerhalb der Farne, dann aber über die Nadelhölzer bis hin zu den höheren Blütenpflanzen werden die Staub- und Fruchtblätter in Gestalt und Stellung immer mehr vom vegetativen Bereich der Pflanze getrennt (s. Abb. 31, 32, 35, 46, 47). Schon hierin zeigt sich der Evolutionsfortschritt *nicht* in einer immer besseren Anpassung – denn optimal an ihre Umwelt angepaßt sind alle genannten Pflanzen –, sondern in einer zunehmenden Individuation.[128] Sie bedeutet «die fortschreitende Abstimmung der Körperfunktionen aufeinander zu ihrer wechselseitigen Ergänzung» und damit in Verbindung stehend die Möglichkeit, sich «individueller», d.h. in größerer Unabhängigkeit von der Außenwelt zu entwickeln.

3. Fortschreitende Verinnerlichung des Wachstums der Einzelpflanze und des Wachstums der Generationenkette (der Fortpflanzung)

Ehrendorfer charakterisiert in einer Gesamtschau der pflanzlichen Evolution die grundlegende Entwicklungsgesetzmäßigkeit des stammesgeschichtlichen Werdens des Pflanzenreiches: «Im Großen können wir ein fortschreitendes verbessertes *Regulationsvermögen* und damit eine vermehrte *Umweltunabhängigkeit* pflanzlicher Organismen feststellen.»[129] Wie schon oben dargestellt, bedeutet Höherentwicklung Emanzipation von Umwelteinflüssen: Je mehr eine Pflanze – und das gilt auch für die Tiere, also allgemein für alles Belebte – sich nach ihrer eigenen Gesetzmäßigkeit ausbildet, je mehr sie ihre Physiologie individualisiert, verinnerlicht und von Außeneinflüssen befreit und unabhängig macht, desto höher ist sie entwickelt. Bedeutendster Ausdruck dieser Befreiung von der Einbindung in die Umwelt, der vermehrten Umweltunabhängigkeit und größeren Selbständigkeit ihrer Physiologie, des Mehr an Individuation ist die zunehmende Abschirmung und Verinnerlichung der Bereiche ihres Neuwerdens, ihrer Neubildung, also des Wachstums und der Fortpflanzung (mitsamt der Embryologie).

Dieser Weg zunehmender Verinnerlichung ist ja allgemein für die pflanzliche Fortpflanzung und Embryologie oft beschrieben worden.[130] Mit dieser Gestaltung pflanzlicher Evolution im Sinne einer sich steigernden Verinnerlichung der embryonalen, bildefähigen Zonen, des Wachstums und der Fortpflanzung ist ja für die höheren Pflanzen (Moose, Farne, Samenpflanzen) eine langsame Zurückdrängung, Reduktion der Geschlechtspflanze (Gametophyt) und eine schrittweise Verinnerlichung derselben in

Abb. 41: Links Braunalge *(Dictyota spec.)*, rechts algenähnliches Lebermoos *(Riccia spec.)*; darunter jeweils die Scheitelzelle (von den Scheiteln des sich gabelnden Pflanzenkörpers), aus deren Aktivität sich der gesamte Pflanzenkörper aufbaut. Die Scheitelzonen liegen frei.

die sporenbildende Pflanze (Sporophyt s.o.) verbunden, wie es Hofmeister 1851 beschrieben hat. Zu betonen ist die Darstellung von Schad,[131] weil er ganz neue Gesichtspunkte eröffnet, z.B. einen Bezug zur Evolution des Menschen herstellts.

Das *Wachstum* vollzieht sich bei einfachen Algenarten oder auch in einfach organisierten Zellkolonien so, daß alle Zellen gleichmäßig zum Wachsen beitragen, während bei höherentwickelten eine Bildungszelle («Scheitelzelle») das fortwährend teilungsaktive Bildezentrum darstellt. Diese Wachstumszentren liegen bei vielen Algen (vgl. Abb. 41 und 42) offen für Umwelteinflüsse; auch bei einfachen Moosen (Lebermoosen) liegt der Vegetationspunkt, also das Wachstumszentrum frei (Abb. 41), während Laubmoose ihre Bildezentren, aber auch ihre Fortpflanzungsorgane, oft in einem gipfelständigen Büschel von Blättern verstecken. Wo bei Algen die Fortpflanzungsorgane ins Innere verlagert werden, werden oft auch die Scheitelzonen des Wachstums in einer Knospe verinnerlicht (Abb. 43). Farne schützen die Wachstumszonen der Wedel durch Einrollen. Bei den Samenpflanzen sind die mehrzelligen Wachstumszentren, die Vegetationspunkte oder Vegetationsscheitel (Apikalmeristeme des Sprosses), im Inneren der Knospen verborgen, bei den Nadelhölzern und einfachen Blütenpflanzen *(Magnoliacae)* häufig noch gestreckt (Abb. 44, 45a), bei vielen höheren Blütenpflanzen flach in die Sproßachse eingesenkt (Abb. 45b).

Im Hinblick auf die *Fortpflanzung* findet man in allen großen Algengruppen Formen, die wie die Grünalge *Ulva* (Meersalat) alle Zellen des Pflanzenkörpers zu Fortpflanzungszellen werden lassen können (Abb. 37). Doch findet man auch bei den Grünalgen, ebenso wie bei den Braun- und Rotalgen, Formen, die als Ausdruck ihrer Höherentwicklung die Fortpflanzung nach innen verlagert haben (Abb. 46a,b,c). Gegenüber den Farnen, die ihre Geschlechtsorgane meist äußerlich – wie die Moose – auf den Vorkeimen (Prothallien) tragen, haben die Nadelhölzer, aber auch die fossilen Samenfarne wie *Lepidodendron,* die Fortpflanzung in der Samenanlage verinnerlicht; bei ihnen als «Nacktsamern» liegt aber die Samenanlage noch frei (Abb. 47), während sie bei den höheren Blütenpflanzen als «Bedecktsamer» zusätzlich in das Fruchtblattt eingehüllt wird (Abb. 39), um dann als «unterständiger Fruchtknoten» gegebenenfalls noch in das Gewebe der Sproßspitze versenkt zu werden (Abb. 48).

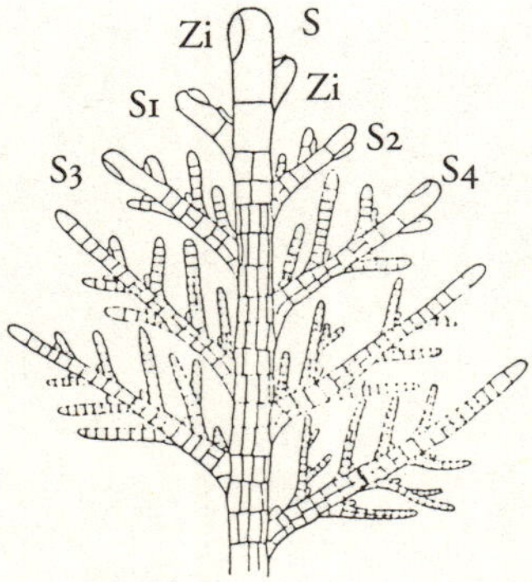

Abb. 42: Langtrieb der Braunalge *Halopteris filicina.* Die Scheitelzelle (oder Initialzelle) S, von der alle anderen Zellen abstammen, gibt durch ungleiche (inäquale) Teilungen Segmente ab, die sich durch Längs- und Querwände weiter untergliedern. Außerdem werden von S durch schräggestellte Wände Zweiginitialen Zi gebildet, aus denen Seitenzweige hervorgehen (S1-S9). Die Wachtstumszone, d.h. die Scheitelzelle, liegt frei (40:1; nachGoebel).

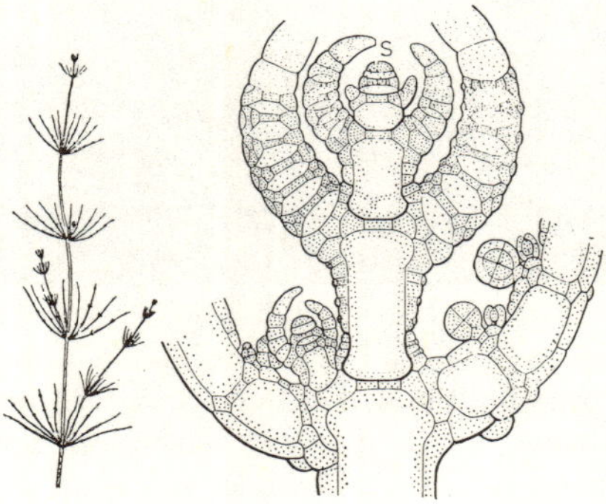

Abb. 43: Links Habitusskizze, rechts «Sproß»-spitze der Armleuchteralge *(Chara fragilis).* Die Scheitelzelle S liegt in einer Knospe von Wirtelästen verborgen (aus Strasburger).

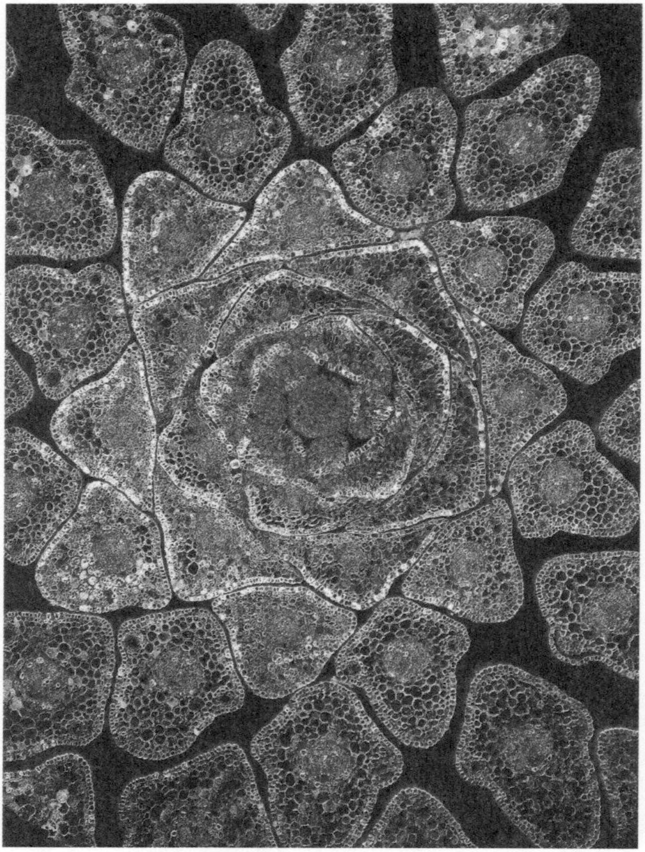

Abb. 44: Querschnitt durch die in einer Blatt-(Nadel)knospe geborgene Scheitel-(oder Initial- oder Wachstums-)zone der Kiefer. Die deutlich konturierten, zueinander im Verhältnis des goldenen Schnittes stehenden Blätter stammen alle von dem kaum sichtbaren (rundlichen) Bildungszentrum in der Mitte: ein Bild für das im Evolutionsgeschehen wirkende Bildungszentrum und die von ihm abstammenden Formen (nach Raven).

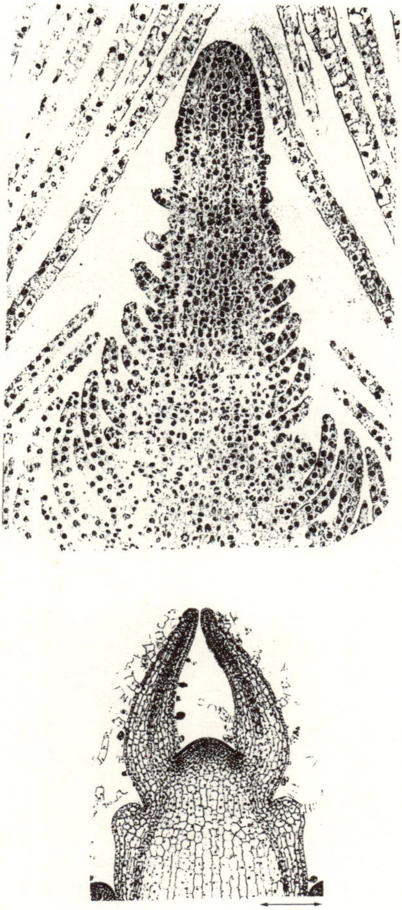

a

b

180μm

Abb. 45: a: Sproßscheitel der Wasserpest *(Elodea canadensis)* – wie bei den meisten höheren Wasserpflanzen hochkegelig gestaltet, in einer Blattknospe verborgen (140:1, nach Falk). – b: der ebenfalls in einer Knospe geborgene flache Scheitel der Buntnessel *(Coleus blumei;* nach Raven).

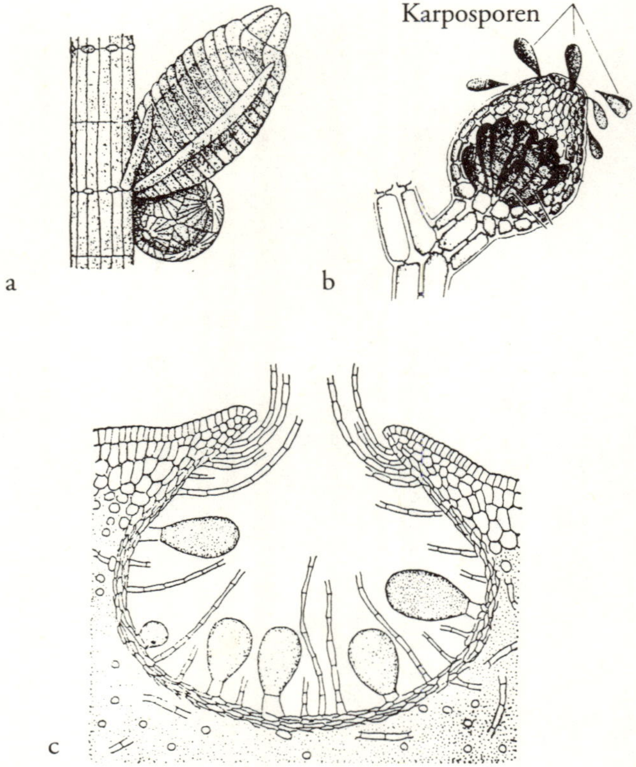

Abb. 46: Verinnerlichung der Fortpflanzung bei Algen. a: Oogonium (vorne) und Spermatangium (hinten, unten) der Armleuchteralge *(Chara spec.,* nach Smith). b: die besondere, der Geschlechtspflanze (Gametophyt) aufsitzende Generation – der Karposporophyt – der Rotalgen *(Polysiphonia spec.).* Im Inneren des Behälters (Peri-, Cystokarp) Fortpflanzungszellen (Karposporen) hervorbringende Organe (Karposporangien. s.a. Abb. 37; nach Raven). c: Verinnerlichte eibildende Organe (Oogomien) einer Braunalge *(Fucus spec.,* vgl. Abb. 37; nach Smith)..

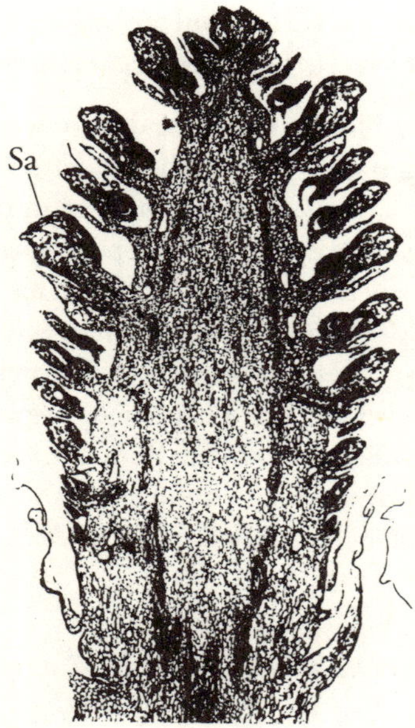

Abb. 47: Weiblicher Blütenzapfen der Kiefer; die Samenanlagen (Sa) sind freiliegend (nach Raven).

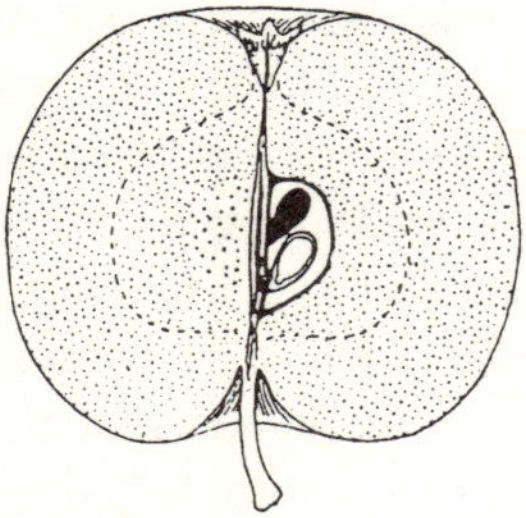

Abb. 48: Im Apfel sind die Samenanlagen nicht nur von den Fruchtblättern, sondern auch noch vom Gewebe der Sproßachse umhüllt.

4. Umgestaltung des Generationswechsels – Verinnerlichung der Geschlechtspflanze (Gametophyt)

Die Entdeckung Hofmeisters, eine der großen wissenschaftlichen Leistungen des vorigen Jahrhunderts, daß sozusagen der Farnvorkeim, die Geschlechtspflanze in der Spore verbleibt, diese als Megaspore in den Sporangien der Sporenpflanze verinnerlicht wird und so der Same entsteht, der dann wieder in der Frucht (Bedecktsamer) verinnerlicht werden kann, ist so oft beschrieben und so allgemeines Bildungsgut geworden, daß wir hier nicht weiter darauf einzugehen brauchen; wir wollen nur ein Stadium in dieser stammesgeschichtlichen Entwicklung abbilden, das so etwas wie ein Schlüssel für deren Verständnis darstellt (Abb. 49).

Das Pflanzenwachstum als Bild des stammesgeschichtlichen Werdens von Welt und Mensch

Das Wachstum der typischen Pflanze gestaltet sich so aus, daß alle Bildungen des Pflanzenkörpers – Blätter, Seitenzweige u.a. – von einer kleinen Bildungszone an der Spitze des Hauptsprosses ausgehen; dieser sich während des Pflanzenwachstums stets im Zustande embryonaler Bildefähigkeit haltende Vegetationsscheitel bleibt im *Verborgenen* gegenüber den sichtbaren Bildungen des Pflanzenkörpers, die alle von ihm abstammen. (vgl. Abb. 44). Das am sich entwickelnden Pflanzenkörper Verborgenste, aus dem heraus sich alles andere entwickelt, gestaltet sich schließlich zur Blüte, bzw. zur Frucht aus, innerhalb derer es seine Bildefähigkeit auf die Samen, also auf die Bedingungen für das Wachstum neuer Pflanzen überträgt. So setzt sich das Wachstum über das Individuum hinaus fort. Die stammes-

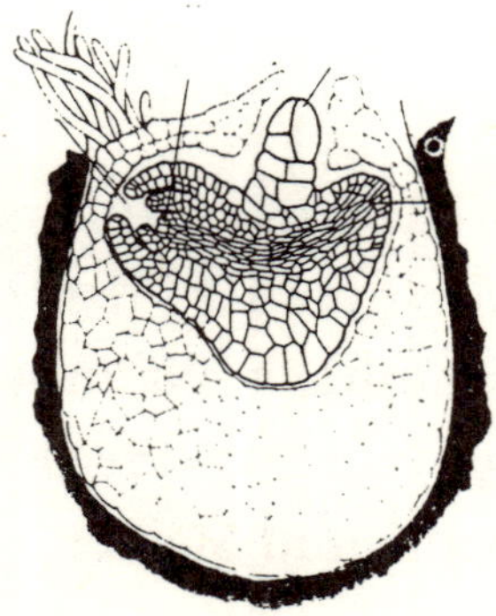

Abb. 49: Aufgeplatzte Megaspore von Selaginella; im Inneren der Vorkeim (als Nährgewebe ausgebildeter Gametophyt); darinnen der Embryo der eigentlichen Farnpflanze. Apikalmeristem: Wachstumszone. Suspensor: embryonales Anhangsorgan. Der Embryo ist unipolar; schon die embryonale Wurzel entspringt keinem eigenen Wurzelpol, sondern ist seitenständig, sproßbürtig (nach Raven).

geschichtliche Entwicklung hat man gerne in das Bild der Pflanze – des «Stammbaumes» oder des «Stammstrauches» – gebracht. Im Bilde der einjährigen Pflanze[132] wird deutlich, wie es auch in der Evolution einen verborgenen Bildepunkt gibt, von dem sich alles andere ableiten läßt: der Mensch. Alle Bildungen der Natur sind sozusagen zurückgebliebenes Menschliches, sind Teilaspekte des Menschen, sind Spuren menschlicher Ausbildung und Entwicklung. Dieses Bild der Evolution – mit dem Menschen als Keimpunkt stammesgeschichtlichen Werdens – ist das erste, das zugleich mit dem beginnenden Aufleuchten der Evolutionsidee in der Geistesgeschichte der Menschheit von Goethe und Herder[133] ausgestaltet wurde. Was dem Menschen als verborgenem Keimzentrum der Evolution geschieht, geschieht der ganzen Natur. Das ist ein wichtiger Gesichtspunkt für die Betrachtungen im folgenden Kapitel.

III

Geschlechtlichkeit, Fortpflanzung und Wachstum der Pflanze – Elemente einer künftigen Naturbetrachtung bei Runge, Schelver, Henschel, Goethe und Steiner

Im folgenden soll auf einen Bereich Goethescher Naturbetrachtung hingewiesen werden, «auf den nicht oft bei Goethe hingewiesen wird» (Steiner 1917). Wir zeigen zunächst diesen mehr verborgenen Bereich der Naturansicht Goethes – und zahlreicher seiner Zeitgenossen – in der Art auf, wie er von Rudolf Steiner 1882/83 in seiner Bearbeitung der naturwissenschaftlichen Schriften Goethes und seiner Zeitgenossen untersucht wird, um dann darzustellen, wie die Ideenkeime Goethes und seiner Zeitgenossen sich in der Geisteswissenschaft Steiners 35 Jahre später – im Jahre 1917 – zu einem gewaltigen Ideenbogen entwickelt haben, der auf Betrachtungsmethoden hinweist, die in eine künftige Naturwissenschaft neu einzuführen sein werden, und zugleich ein großes Bild zeichnet von der Vergangenheit der Evolution seit der Katastrophe gegen Ende des Erdmittelalters[134] bis zu einer möglichen Zukunft der gemeinsamen Evolution von Erde und Mensch. Ein recht breiter Raum ist in dem Abschnitt «Die Idee der Pflanze bei Philipp Otto Runge» (S. 145ff) dieser auch Goethe faszinierenden Persönlichkeit gewidmet. Runges Ideen über den Zusammenhang von Mensch und Pflanze sind z.T. eine keimhafte Vorausnahme dessen, was sich in der Geisteswissenschaft Steiners in ausgearbeiteter Form findet und in den Abschnitten

«Geisteswissenschaftliche Sicht der Evolution – das Christliche bei Goethe» sowie «Naturordnung und moralische Ordnung in einer Naturwissenschaft der Zukunft» dargestellt wird. Im Abschnitt «Das Besondere der pflanzlichen Geschlechtlichkeit» wird gezeigt, wie die pflanzliche Geschlechtlichkeit etwas ganz anderes ist als beim Tier; sie ist der Pflanze viel weniger intensiv eingeprägt.

Entwicklung der Idee von Wachstum, Fortpflanzung und Geschlechtlichkeit der Pflanze im Werk Rudolf Steiners von 1882 bis 1917

1882: Bearbeitung der Anschauungen von Goethe, Schelver und Henschel

1883 erscheint der erste Band der *Naturwissenschaftlichen Schriften Goethes* in Kürschners Deutscher National-Literatur, «Bildung und Umbildung organischer Naturen», herausgegeben von Rudolf Steiner. Er wird 1882 von dem einundzwanzigjährigen Steiner bearbeitet worden sein. Man muß sich das besondere Verhältnis dieser Darstellungen Goethes zur Biographie Steiners vor das Bewußtsein rufen: Steiner beginnt mit der Bearbeitung dieser pflanzenkundlichen Themen eine bis an sein Lebensende dauernde unermüdliche Tätigkeit; er beginnt hier seiner Zeit, unserer modernen Zeit, in Schriftform von einer erneuerten, an Goethe anknüpfenden Wissenschaft zu sprechen. Wir stehen an der ersten Morgenröte seiner Geisteswissenschaft. Insbesondere den Goethe-Aufsatz von 1820 «Verstäubung, Verdunstung, Vertropfung» bearbeitet Steiner mit geradezu akribischer philologischer Gründlichkeit. Goethe schildert hier, wie ihm im Jahre

1804 der ein Jahr zuvor an das Botanische Institut berufene Professor Schelver «vertraulichste Eröffnung that, daß er an der Lehre, welche den Pflanzen wie den Tieren zwei Geschlechter zuschreibt, längst gezweifelt habe und nun von ihrer Unhaltbarkeit völlig überzeugt sei». Goethe sagt in dem genannten Aufsatz: «Ich hatte das Dogma der Sexualität bei meinen Naturstudien gläubig angenommen ... Nun traten mir die gegen das Geschlechtssystem [der Pflanzen] von Zeit zu Zeit erregten Zweifel sogleich vor die Seele.»[135] In der Vorstellung der pflanzlichen Fortpflanzung durch Schelver und seinen Schüler Henschel war es Goethe angenehm zu hören, die Verstäubungslehre sei eine natürliche Folge der ihm so werten Metamorphose. Man sieht, wie sympathisch Goethe die von Schelver und Henschel vertretene Befreiung des Pflanzlichen vom Geschlechtlichen, von der Sexualität war, und versteht, daß er als Weltmann vor dem Hintergrund der damals gängigen Lehrmeinung über die Sexualität der Pflanzen «Schelvern aufs dringlichste bat, von diesen seinen Gedanken nichts laut werden zu lassen».

Man sieht nun an einer sehr langen Fußnote,[136] daß Steiner sich außerordentlich gründlich in die Anschauungen Schelvers zur tierischen und pflanzlichen Sexualität und Fortpflanzung eingearbeitet hat, die er klar und komprimiert dem Leser darstellt. «Während das Tier einen hohen Grad von Unabhängigkeit von der äußeren Natur besitzt, lebt die Pflanze das allgemeine Naturleben mehr mit. Sie ist viel abhängiger von der Außenwelt als das Tier. Da denkt nun Schelver: Während beim Tier die Befruchtung von einem Individuum gleichen Wesens, d.h. wieder von einem Tiere ausgeht, ist bei der Pflanze das befruchtende Wesen die Erde.» Diese Ansicht wird nun in der Zusammenfassung Steiners weiter dargestellt, wonach Steiner dann selbst zu einer Beurteilung der Lehre Schelvers (und seines Schülers

Henschel) übergeht: «Wir müssen in dieser Lehre den philosophisch-theoretischen Teil von den Angaben über rein thatsächliche Verhältnisse unterscheiden. Die letzteren sind längst überholt. Heute zweifelt kein Botaniker an der Notwendigkeit der Einwirkung des Pollenstaubes auf die Fruchtanlage zum Zwecke der Befruchtung. Dessenungeachtet erscheint es als ein sehr fruchtbares Unternehmen, auf allgemeine Prinzipien gestützt, eine Differenz zwischen Pflanze und Tier aufzusuchen, die sich doch auch auf die Art der Fortpflanzung erstrecken muß. Wir denken heute die Vorgänge im Pflanzenleben zu sehr in Analogie mit dem Tierleben. Aber schon der Umstand, daß sich das Geschlechtsverhältnis bei den Tieren bis zur Differenzierung in zwei Individuen ausbildet, während sich die männliche und weibliche Kraft bei der Pflanze nur als zwei verschiedene Prinzipien, die meist an einem und demselben Individuum vorkommen, entwickelt, zeigt den Unterschied.»

Man kann über das intensive Interesse und Eingehen des einundzwanzigjährigen Steiners auf diese «Detailfragen» staunen. Der Kern davon liegt wohl in dem Bemerken, daß in Goethe, Schelver und Henschel die Einsicht lebte, daß die Begriffe «Pflanze» und «Sexualität» nicht zusammen gedacht werden können. Goethe akzeptiert zwar die – gegenüber dem Tier – besonders ausgeprägte Geschlechtlichkeit der Pflanze, meint aber, eigentlich müsse man die Pflanze frei von Sexualität denken, und er ermahnt Schelver, diese Ansicht gegenüber der gängigen Lehrmeinung seiner Zeit nicht zu äußern. Man fragt sich, was in Goethe denn eigentlich – unausgesprochen – an Einsicht gelebt hat im Hinblick auf das Problem Pflanze und Geschlechtlichkeit. «Das Beste, was der Alte von Weimar gewußt hat, hat er nicht gesagt», soll Schopenhauer über Goethe geäußert haben.

Deutung und Weiterführung der 1882 bearbeiteten Anmerkungen

In dem Vortrag vom 12. April 1917[137] kommt Steiner nach 35 Jahren, als 56-jähriger, auf das 1882/83 im Anschluß an Goethe und Schelver Erarbeitete und Publizierte zurück. Das damals in «trockener Kleinarbeit» Untersuchte, dem ein Nichtbotaniker vielleicht kaum folgen mag, hat sich zu einem gewaltigen Gesichtspunkt entwickelt und gewandelt, der mit dem innersten Wesen des Menschen, seiner Entwicklung und der Entwicklung der Erde zusammenhängt.

«Für den heutigen Botaniker ist die ganze Geschichte, die da verhandelt wurde zwischen Goethe, Schelver und Henschel der hellste Wahnsinn», sagt Steiner.[138] Dieser «Wahnsinn» bei Goethe und einigen seiner Zeitgenossen – neben Schelver und Henschel nennt Steiner auch Schelling und Hegel (s. unten S. 140 das Kap.: Naturordnung und moralische Ordnung) – zeigt sich nicht so sehr darin, daß inhaltlich von der gängigen Lehrmeinung abweichende wissenschaftliche Aussagen gemacht werden, sondern daß Betrachtungsmethoden angewandt werden, auf die sich kein an «harten Fakten» orientierter Naturwissenschaftler einließ und einläßt: 1. Moralische Gesichtspunkte in die Naturbetrachtung einzuführen, die Kluft zwischen moralischer Ordnung und Naturordnung zu überwinden, 2. «in den Dingen nicht das zu sehen, was die Natur wirklich gebildet hat, sondern was sie zu bilden sich mühte» (Schopenhauer[139]). Nicht nur Goethe, sondern eine ganze Reihe der geistigen Größen des beginnenden 19. Jahrhunderts gingen davon aus, daß man im Hinblicken auf die Natur zu unterscheiden habe zwischen der heute vorzufindenden aktuellen *Naturwirklichkeit* und dem, *wozu die Natur eigentlich veran-*

lagt ist. Man erlebte, daß die ursprüngliche Idee der Natur, ihre eigentliche Veranlagung nicht deckungsgleich sind mit ihrem Ausbildungszustand, mit ihrer sinnlichen Wirklichkeit.

Von einer Naturbetrachtung der Zukunft muß erwartet werden, daß sie zum einen wieder dazu kommt, «moralische Maßstäbe auch an das äußere Naturdasein anlegen zu können»; zum anderen wird sie in der Zukunft «durchaus unterscheiden müssen zwischen dem, wie die Wesen veranlagt sind, und dem, wie sie jetzt sind».[140]

Goethe, Schelver, Henschel u. a. hatten bemerkt, daß die Sexualität der Pflanze nicht ihrer eigentlichen Veranlagung entspricht. Goethe war deshalb so fasziniert von der vegetativen Vermehrung des *Bryophyllum calycinum*, die ja in den Blatträndern Tochterpflänzchen hervorbringt, weil ihm hier sinnlich vor Augen geführt wurde, was er als die eigentliche Veranlagung der Pflanzen sah: im Zusammenhang ihrer Metamorphose sich als neues Individuum selbst hervorbringen zu können. Darum sah er die Fortpflanzung im Pflanzenreich als ein «Wachstum über das Individuum hinaus». Der Pflanze fehlen die Kräfte, gemäß ihrer ursprünglichen Veranlagung ganz aus sich eine neue Pflanze hervorzubringen, sie bedarf der äußeren Anregung der Bestäubung und Befruchtung, um dieses Ziel zu erreichen.

In dem erwähnten Vortrag bestätigt und erweitert Steiner diese Anschauung: «Die Wesen des Mineralreiches, des Pflanzenreiches und des kaltblütigen Tierreiches, die kommen mit ihren Anlagen nicht zu Ende, sie brauchen einen äußeren Einfluß. Die Wesen des warmblütigen Tierreiches, der sich verholzenden Pflanzen, also der rinden- und holzbildenden Pflanzen, und das Menschenreich, die sind so, daß sie in der Gestalt, wie sie jetzt leben, nicht ihren Ursprung offenbaren, ihren Anfang nicht offenbaren.»

Warum ist die Natur nun nicht so, wie sie sein sollte? Man kann ein Bild des stammesgeschichtlichen Werdens von Mensch und Natur zeichnen, das heute als Deutung der Evolution «nach dem anthropischen Prinzip» in der Diskussion in gewisser Ähnlichkeit auftaucht: Der Mensch war der Evolution immer immanent, er war ihr «Keimzentrum». Sein Schicksal ist gleichzeitig Schicksal der Natur.[141]

Nach Steiner hat nun im Laufe der Evolution in der Tat ein Ereignis stattgefunden, das die Bibel im Bild als den Sündenfall, das Erliegen des Menschen gegenüber der luziferischen Versuchung schildert. «Es ist für die Geisteswissenschaft eben ein wirkliches, ein echtes Faktum, aber ein solches Faktum, das sich nicht nur beim Menschen abgespielt hat, sondern das sich abgespielt hat zwar zunächst im Menschen, aber der Mensch war dazumal noch so mächtig, so stark, daß er die ganze übrige Natur hineingezogen hat.»

Geisteswissenschaftliche Sicht der Evolution – das Christliche bei Goethe

Die ursprüngliche Idee des Menschen und des Naturreiches hat sich nicht realisiert; Natur und Mensch entsprechen in ihrer Ausprägung nicht ihrer eigentlichen Veranlagung, ihrem Urbild. Natur und Mensch sind herabgesunken, vor allem auch das Denkvermögen und die Sprache des Menschen. Eine Erhebung seiner selbst und der Natur ist den Menschen aufgegeben. «Aber … die Möglichkeit, die Welt wiederum durchmoralisiert zu denken, diese Möglichkeit, die wäre gerade dem Menschen verlorengegangen, wenn im Beginne unserer Zeitrechnung nicht das Mysterium von Golgatha eingetreten wäre.»[142]

Als mögliche Figur der Evolution zeichnet Steiner folgendes Bild:

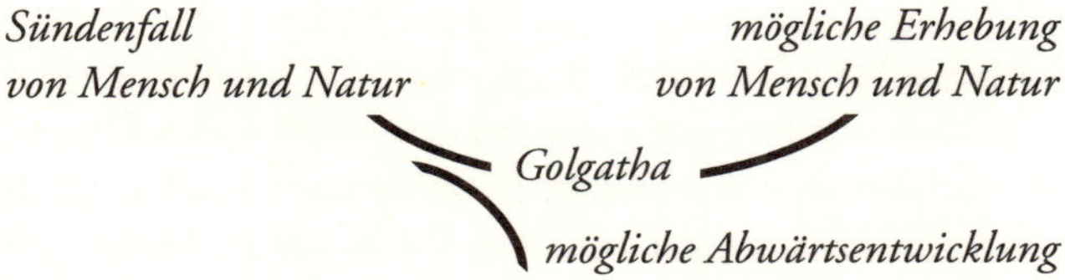

Goethe und viele seiner Zeitgenossen sind für Steiner so bedeutend, weil in ihnen ein der obigen Skizze entsprechendes Bild der Evolution, mindestens als Ahnung, gelebt hat.[143] Steiner weist darauf hin, daß Goethe schon mit der Metamorphosenlehre sagen wollte: «Seht, was da im Pflanzenreich vorgeht, das war ihm ursprünglich nicht vorbestimmt, dazu ist es erst gelangt, nachdem die Erdenentwickelung von einer gewissen Sphäre in ihre jetzige heruntergesunken ist.»[144]

Goethe hat ja wenige direkte christologische Äußerungen getan: «Dieses ‹Herr, Herr› hatte Goethe allerdings nicht immer auf der Zunge, aber seine *Betrachtungsweise der Welt* hat einen Zug von tiefer Christlichkeit.»[145] In seiner ganzen Art der Betrachtung und des Denkens, in den diesen Tätigkeiten zugrunde liegenden seelischen und geistigen Kräften war Goethe durchzogen und durchdrungen von dem, was wieder zu einer Erhebung von Mensch und Natur führen kann. Das macht seine Christlichkeit aus, und diese äußert sich an einem solchen Detail wie der Beurteilung der pflanzlichen Sexualität.

Naturordnung und moralische Ordnung in einer Naturwissenschaft der Zukunft

Steiner weiß selbstverständlich auch, daß es «heute dem Menschen, der fest stehen will auf dem Boden der naturwissenschaftlichen Anschauung, natürlich als etwas geradezu Phantastisches, Abergläubisches» gilt, die äußere Natur und das Naturgeschehen moralisch zu beurteilen. «Die Naturwissenschaft strebt darauf hin, das Moralische ganz aus ihrer Betrachtungsweise zu beseitigen, und das Moralische beginnt, ich möchte sagen, sich damit abzufinden, daß ihm keine physisch tragenden Kräfte innewohnen.»[146]

Nun wird seit den Achtzigerjahren dieses Jahrhunderts – vor dem Hintergrund der ökologischen Frage und der zunehmenden Gewaltproblematik – die Menschheit in besonderer Weise wach für ein intensives Fragen nach Moral und Ethik: «Wer die Veröffentlichungsliste der wissenschaftlichen Verlage daraufhin befragt, was gegenwärtig besonders diskutiert wird, muß mit einiger Verblüffung feststellen, daß Ethik ‹in› ist ... Ethische Orientierung scheint gefragt zu sein in einer Zeit, in der der Mensch zwar fast alles tun kann, was er will, aber längst nicht mehr weiß, was er wollen soll.»[147]

Eine der meistgelesenen Betrachtungen zu dieser Frage ist *Das Prinzip Verantwortung – Versuch einer Ethik für die technologische Zivilisation* von Hans Jonas (1984). Er schreibt: «Erst wurde durch dieses moderne Wissen die Natur in Hinsicht auf Wert ‹neutralisiert›, dann auch der Mensch. Nun zittern wir in der Nacktheit eines Nihilismus, in der größte Macht sich mit größter Leere paart, größtes Können mit geringstem Wissen davon, wozu. Es ist die Frage, ob wir ohne die Wiederherstellung der Kategorie des Heiligen,[148] die am gründlichsten durch die wissenschaftliche Aufklärung zerstört wurde, eine Ethik haben können, die die extremen Kräfte zügeln kann, die wir heute besitzen und dauernd hinzuerwerben und auszuüben beinahe gezwungen sind.»[149]

Die in bezug auf Werte «neutrale» Naturwissenschaft gerät in zunehmenden Konflikt mit dem Leben, das einem moralische Urteile abverlangt. Zum Beispiel fand zu Beginn der achtziger Jahre eine von einer breiten Öffentlichkeit verfolgte Diskussion um die Massentierhaltung statt: »Die fadenscheinige Entschuldigung für die moderne Intensivhaltung [von Haustieren] lautet stets, man könne nicht mit Sicherheit wissen, was in dem Tiere vorgeht, worunter es leide und ob es überhaupt leide.»[150] Beruft man sich auf die Wissenschaft und ihre Ergebnisse, ist man nicht genötigt, Tieren gegenüber einen moralischen Standpunkt einzunehmen. Gerade Konrad Lorenz sprach in dieser Auseinandersetzung ein «Machtwort» – daß wir zumindest den höheren Tieren gegenüber eine unmittelbare Wesensbegegnung haben; er nannte diese – Bühler folgend – die «Du-Evidenz» dem höheren Tiere und dem Menschen gegenüber, die uns eine moralische Haltung abverlangt. In einem erweiterten und abgewandelten Sinne muß diese Du-Evidenz der gesamten Natur gegenüber entwickelt werden. Lorenz spricht aber eigentlich nicht «als Wissenschaftler», sondern «als Mensch», wenn er in dem erwähnten Artikel sagt: «Ein Mensch, der ein höheres Säugetier, etwa einen Hund oder einen Affen, wirklich genau kennt und nicht davon überzeugt wird, daß dieses Wesen ähnliches erlebt wie er selbst, ist psychisch abnorm und gehört in die psychiatrische Klinik, da eine Schwäche der Du-Evidenz ihn zu einem gemeingefährlichen Monstrum macht.»[151] Einen Schritt weiter als die *Anerkennung* dieser Du-Evidenz ginge der Versuch, dasjenige, was man mit dieser Fähigkeit zur Du-Evidenz erfaßt, in die wissenschaftliche

Betrachtung einzubeziehen. Moralische Gesichtspunkte und moralische Handlungen der Natur gegenüber werden in der Lebenswirklichkeit erst dann greifen, wenn der Mensch in der Natur selbst die Dimension des moralisch zu Erfassenden erkennt. So sehr einem das in der heutigen Zeit wissenschafts-unverträglich erscheint, so sehr fordert Steiner für eine Wissenschaft der Zukunft eine Zusammenführung von Natürlichem und Moralischem: «Die heutige Naturwissenschaft ist nur eine Episode. Trotz aller ihrer Verdienste, trotz aller ihrer großen Erungenschaften: Sie ist eine Episode. Sie wird ersetzt werden durch eine andere, welche erst wieder erkennen wird, daß es eine höhere Weltbetrachtung gibt, innerhalb welcher das Natürliche und das Moralische zwei Seiten ein und desselben Wesens sind. Aber mit einer pantheistischen Verschwommenheit kommt man nicht zu einer solchen Betrachtung; da muß man schon konkret hinsehen, wie wirklich das äußere Dasein zeigt, daß es anders veranlagt gewesen ist, als es sich heute in der gewöhnlichen Naturordnung zeigt.»[152]

Das Besondere der pflanzlichen Geschlechtlichkeit

Gerade vor dem Hintergrund der Aufforderung, «konkret hinzusehen», sollen hier gedrängt und zusammenfassend Besonderheiten der pflanzlichen Geschlechtlichkeit angeführt werden, die sich z.T. verstreut in der bisherigen Darstellung finden. Es soll vor allem die höhere Pflanze mit dem höheren (Säuge-)Tier verglichen werden.

Das zur Eigenbewegung und *Ortsveränderung* befähigte Tier ist viel unabhängiger von der Umwelt als die Pflanze; die Individuation ist bei den Tieren weiter fortgeschritten:

Das Tier ist ein «geschlossener Organismus». Die Körperoberfläche wird möglichst klein gehalten, die für Nahrungsresorption, Atmung, Exkretion und andere Stoffwechselvorgänge und *Körperfunktionen* erforderlichen großen Oberflächen werden durch Einfaltungen im Körperinneren ausgebildet; die Körperfunktionen werden in wenigen Organen zentralisiert. Entsprechend den beiden senkrecht aufeinander orientierten Vektoren von Schwerkraft und Bewegung ist die Körpersymmetrie der Tiere überwiegend bilateral und dorsiventral.

Die festgewachsene Pflanze entwickelt viele ihrer Organe (Blüten, Blätter, Wurzeln) in großer Zahl und nach außen. Die äußere Oberfläche wird durch Ausfaltungen und Verzweigungen möglichst groß ausgebildet: Die Pflanze ist ein «offener Organismus». Die *Lebensfunktionen* sind nicht in speziellen Organen zentralisiert, z.B. gibt es für die Exkretion keine den Nieren vergleichbaren zentralen Organe. Der Pflanzenkörper ist meistens *radiärsymmetrisch;* bilaterale Organe werden in der Regel nur gebildet, wenn die Vektoren von Wachstum und Schwerkraft senkrecht zueinander stehen.

Die *Spezialisierung von Geweben und Organen* geht bei den Tieren weiter als bei denPflanzen. Schon die Bildungsgewebe der Tiere sind oft auf die Nachbildung ganz bestimmter Zellarten spezialisiert (z.B. Haut-, Blut-, Darmepithelzellen u.a.). Für manche hochdifferenzierten Zellen, z.B. die großen Nervenzellen, gibt es im ausgewachsenen Tier weder Stammzellen noch Bildungsgewebe: Bei Verlust können sie nicht nachgebildet werden. So ist eine vollkommene *Regenerationsfähigkeit* wie bei den Pflanzen undenkbar, ebenso die darauf aufbauende *vegetative Vermehrung.* Das Leben des Tieres hat eine *begrenzte Zeitgestalt.* Die Regenerationsfähigkeit der Pflanze ist außerordentlich groß:

Aus jedem Vegetationsscheitel kann im Prinzip eine vollständige neue Pflanze mit allen charakteristischen Geweben entstehen; hierauf beruht die häufig vom Menschen angewandte «vegetative» Vermehrung durch Stecklinge, Senker, Ableger, Brutknospen, Ausläufer, Knollen und so weiter. In den nach Verletzungen gebildeten chaotischen Zellwucherungen, dem Kallusgewebe, können neue Vegetationsscheitel und daraus neue Pflanzen oder Pflanzenteile entstehen! Aus Zellkulturen von Pflanzen können wieder ganze Pflanzen gebildet werden. Das ist bei tierischen Zell- und Gewebekulturen nicht möglich! Die Pflanze hat eine *potentiell unbegrenzte Lebensdauer:* Nicht nur bei Holzgewächsen, sondern auch bei Stauden ist eine mehrhundertjährige oder sogar tausendjährige Lebensdauer nicht selten.

Die Pflanze ist unendlich fortzeugendes Wachstum, das Tier ist – im Zusammenhang mit der ihm immanenten Schicht des Seelischen – von einer das Leben begrenzenden Wirkung durchzogen. Beim höheren Tier können neue Individuen nur aus Geschlechtszellen entstehen, bei Pflanzen praktisch unbegrenzt auch aus Körper- (Soma-)Zellen bzw. vegetativen Zellen.

Die höhere Pflanze vereint – im Gegensatz zum Tier – meist zwei Geschlechter auf einem Körper, ist also sehr oft ein Zwitter. Hofmeister hat aufgezeigt, daß die höhere Pflanze die Geschlechtlichkeit – z.B. gegenüber Farnen und Nadelhölzern – maximal reduziert hat: Der Gametophyt, der Vorkeim der Farne (s.o.), ist verinnerlicht und auf wenige Zellen reduziert; es werden keine beweglichen Spermatozoiden ausgebildet. Die Pflanze zeigt das merkwürdige Phänomen der doppelten Befruchtung.

Gerade aus höchstentwickelten Pflanzenfamilien (*Asteraceae, Rosaceae*[153]) zeigen verbreitete Arten das Phänomen der Parthenokarpie, d.h. der jungfräulichen Fruchterzeugung;

z.T. ist eine Bestäubung als Entwicklungsanreiz notwendig, es kommt aber nicht zu einer Befruchtung (Apomixis und Agamospermie). Eine Wiese mit blühendem Löwenzahn, mit dem Reichtum an Pollen und Nektar, ist auf Bestäuber und Befruchtung gar nicht angewiesen! Der Same kann sich aus unbefruchteten Eizellen oder aus anderen Zellen des Gametophyten (Inhalt des Embryosacks) entwickeln! Sehr charakteristisch für die Pflanze – ganz im Gegensatz zum höheren Tier! – ist die Tatsache, daß eine Variation des Genoms viel besser verkraftet wird: Sowohl eine gerade als auch eine ungerade Vervielfachung des Genoms (Polyploidie) wie auch einzelner Chromosomen *(Aneuploidie)* werden von Pflanzen nicht nur viel besser verkraftet, sondern gehören bei verschiedenen Formenkreisen in den Bereich des Normalen.

Überall zeigt sich der ganz andere Stellenwert der Geschlechtlichkeit der Pflanze – gegenüber dem Tier – im Leben und in der Generationenfolge; bis in den zellularen Bereich stellt sich die Geschlechtlichkeit der Pflanze als etwas dar, das sich viel weniger in das Leben der Pflanze einprägt als beim Tier.

Die Idee der Pflanze bei Philipp Otto Runge

Gleichsam als Anhang zu diesen Ausführungen sollen Philipp Otto Runge und seine Ideen zum Pflanzlichen besprochen werden, und zwar aus folgenden Gründen: 1. Manche sehen in Runges Werk den ersten Beginn moderner Kunst: Seine Farbenlehre und Formtheorie waren am Beginn des Jahrhunderts bei den modernen Künstlern vom «Bauhaus», vom «Blauen Reiter» usw. allgemeines

Bildungsmittel. Runge versuchte in sich Kunst und Wissenschaft ins Gespräch zu bringen; er versuchte ein *erkennender Künstler* zu sein. In diesem Bestreben war er *Goetheanist.* In die Goethesche Farbenlehre ist ein Teil Rungescher Farbenlehre aufgenommen. 2. Runge hatte ein besonderes Verhältnis zu Pflanzen, das bei Goethe Interesse fand, besonders auch die Rungesche Kunstfertigkeit, die Pflanzen gestaltphysiognomisch im Scherenschnitt darzustellen (s. Abb. 50-53). 3. Manche Aussagen Runges über die Beziehungen zwischen Mensch und Pflanzenwelt wirken wie eine Vorwegnahme dessen, was in der Geisteswissenschaft R. Steiners dargestellt ist, z.B. diese, daß die Pflanzen als stoffliche Manifestationen menschlicher Seelenregungen anzusehen sind. 4. Das in den vorstehenden Abschnitten über die pflanzliche Evolution Gesagte findet sich z.T. identisch bei Runge, wenn er in den Pflanzen etwas entdeckt, «was noch ordentlich vom Paradiese her» sei, das heißt unter anderem auch eine Divergenz zwischen der eigentlichenVeranlagung der Pflanze und ihrer heutigen Wirklichkeit.

Goethe und Runge

Es ist charakteristisch, daß Goethe in der Vorbereitungszeit zur Neubearbeitung der *Metamorphose der Pflanzen* für die durch Soret besorgte deutsch-französische Ausgabe – Juli bis Septemter 1828 – am 13.6.1828, also 18 Jahre nach Runges Tod, zwei Bekannten (Stieler und Coudray) die vier Drucke der *Tageszeiten* von Philipp Otto Runge zeigt. Das läßt zum einen erkennen, daß die Begegnung mit Runge für Goethe eine wirklich tiefe war, und zum anderen, daß das mit Runge Durchlebte nach sehr langer Zeit in der Beschäftigung Goethes mit dem Pflanzlichen aus dem Dunkel der Erinnerung auftaucht.

Am 16.11.1810, kurz vor dem Todestag Runges am 2.12.1810, schreibt Goethe an Perthes: «Daß wir Herrn Runge verlieren sollen, schmerzt mich sehr. Doch ist er jung. Hoffnung ist bei den Lebenden, und meine Wünsche können ihn nicht loslassen. Es ist ein Individuum, wie sie selten geboren werden. Sein vorzüglich Talent, sein wahres treues Wesen als Künstler und Mensch erweckte schon längst Neigung und Anhänglichkeit bei mir; und wenn seine Richtung ihn [als Künstler] von dem Wege ablenkte, den ich für den rechten halte, so erregte es in mir kein Mißfallen, sondern ich begleitete ihn gern, wohin seine Eigentümlichkeit ihn trug. Möchte er sich doch nicht so geschwind in die ätherischen Räume verlieren.» – Etwa fünf Jahre lang hatten Goethe und Runge in einem intensiven Briefwechsel miteinander gestanden.[154] Dem war ein persönliches Kennenlernen in Weimar vorangegangen. Zwischen dem 16. und 18. November 1803 traf Runge auf Goethe im Hause von Regierungsrat Voigt und war mit Tieck zusammen bei Goethe zu Tisch; noch dreieinhalb Jahre später sagt Goethe zu Johanna Schopenhauer, «er habe nie ein Profil wie seines gesehen».[155]

Es ist bekannt und oft besprochen, daß Goethe die Kunst Runges, wie sie sich in den vier graphischen Blättern der *Tageszeiten* darstellte, ablehnte; ähnlich war seine Haltung der Kunst Caspar David Friedrichs gegenüber! Das Kunstverständnis Goethes erstreckte sich in der bildenden Kunst von der Vergangenheit bis zum damals herrschenden Klassizismus. Obwohl Goethe vor allem im Gespräch mit Sulpiz Boisserée am 4.5.1811 – «wer so auf der Klippe steht, muß sterben oder verrückt werden, da ist keine Gnade» – auf das aus seiner Sicht Gefahrdrohende in den *Vier Zeiten* hingewiesen hat, ist ihm doch letztlich deren Veröffentlichung zu danken.

50: Lilie

51: Johannisbeere

Abb. 50-53 (aus Jensen). 4 Scherenschnitte von Philipp Otto Runge.

Denn erst nach der positiven Rezension in der *Jenaischen Allgemeinen Literaturzeitung* 1807 entschloß sich der Hamburger Verleger Perthes zur Herausgabe. Goethe wollte sich ein Runge-Zimmer «einrichten, in dem er unter anderem die *Vier Zeiten* aufhängen wollte», und sein Interesse auch an der Rungeschen Kunst tut sich kund in den «deutlich um Einfühlung bemühten Briefen Goethes, der einmal Runge um ausgeschnittene Blumen bat, wobei mit Recht vermutet werden kann, daß er sich auf diesem Umwege das bessere Verständnis der in seinem Musikzimmer hängenden *Vier Zeiten*

52: Schlafmohn

53: Windenblattranke

erarbeiten wollte.»[156] Die weitere künstlerische Entwicklung Runges hat Goethe nicht mitverfolgt: den Weg von den graphischen Blättern der *Vier Zeiten* über die erste gemalte Fassung des *Morgen* bis zur zweiten. Über diesen künstlerischen Weg hat von Einem[157] das gültige Urteil gesprochen: «Zwischen ihnen [dem kleinen und großen *Morgen*] liegt eine Wandlung, die den eigentlichen Inhalt von Runges [künstlerischem] Lebensweg ausmacht und auf der seine Bedeutung für die romantische Malerei, ja, für die Romantik überhaupt beruht: die Wandlung von der allegorischen Zeichensprache, die die einzelnen Formen wie Hieroglyphen gebraucht, zur symbolischen Landschaft, die atmend, gestaltend ein sinnliches Erlebnis widerspiegelt und es zum Gleichnis des Übersinnlichen zu erheben versucht.»

Neben dem Interesse Goethes an dem Menschen Runge, «der einen raffaelischen Blick [hat], ohne Raffael zu gleichen»,[158] und an dem Pflanzenkenner – Goethe erbittet sich Darstellungen von Pflanzengestalten als Scherenschnitte (2. Juni 1806, Abb. 50-53) –, besteht eine tiefe Verbindung durch Runges Arbeit an einer Farbenlehre. Goethe empfängt hier – wie er selbst sagt – neue Impulse und Mut zur Weiterarbeit.

Runges Streben nach erkennender Durchdringung seines künstlerischen Schaffens

Ein Kunstwerk erreicht seine Vollendung erst dadurch, «daß die Reflexion den Zusammenhang der äußeren Gestaltung mit der tiefen, innersten Bewegung ergründet».[159] «Die Kunstausübung erfordert eine reine, durchaus klare Erkenntnis der Mittel.»[160] Vor allem in bezug auf die Welt der Farben hat Runge wirklich einen Erkenntnisweg beschritten, den er in seiner «Farben-Kugel»[161] veröffentlichte, zusammen mit dem Goetheanisten Henrik Steffens, der eine «Abhandlung über die Bedeutung der Farben in der Natur» beitrug. «Sonst, Lieber, was du sagst, ‹daß ich leicht ein theoretischer Künstler werden könnte›, usw. das thäte nichts … und so gibt es auch in der Kunst so etwas, das besser ist als Kunstwerke machen … », schreibt Runge (am 11.5.1803) an seinen Bruder – ganz aus der unbeirrbaren Sicherheit heraus, auch einen Erkenntnisweg gehen zu wollen. «Können wir die lebendige Sehnsucht und Andacht nicht mit dem deutlichen Begriff verbinden? – Und kannst du, Mensch, dich denn dieser Begierde zu begreifen, erwehren?» ruft Runge (1807 oder 1808) aus. In diesem Streben nach harmonischer Vereinigung von Tun und Denken, von Wissenschaft und Kunst, von Subjekt und Objekt liegt der eigentliche Ort der Begegnung von Goethe und Runge; und innerhalb dessen blicken Goethe und Runge gemeinsam vor allem auf zwei Welten: die Welt der Farbe und die Welt der Zeit. Goethe schildert in seiner Metamorphosenlehre die Pflanze als ein Wesen, das im zeitlichen Nacheinander existiert und ihren ideellen Gehalt zur sinnlichen Manifestation bringt; Runges zentrale künstlerische Aufgabe ist die Darstellung der *Zeiten.* Außerdem ist er – von allen Bereichen der Natur – am meisten innerlich mit den Pflanzen verbunden. Schon als Jugendlicher konnte Runge charakteristische Silhouetten verschiedener Pflanzen im Scherenschnitt produzieren (s. Abb. 50-53). «Das Eigenartige, Bezaubernde sind die nach 1800 entstandenen Blumen und Gewächse, die in der Regel aus weißem Papier geschnitten und auf dunklen Grund geklebt sind. Sie verraten eine gründliche ... nicht aus wissenschaftlichem Studium erworbene Kenntnis von den Wachstumsgesetzen der Pflanzen, einen in seiner Genauigkeit schwer zu übertreffenden Blick, dem nicht die kleinste charakteristische Nuance entgeht ... Goethe hat diese Arbeiten, die er ‹*bedeutende und gefällige Produktionen*› genannt hat, hoch geschätzt.»[162]

Pflanzliche Evolution – Die Pflanze als stoffliche Manifestation menschlicher Seelenregungen bei Runge

«Es ist mir so klar, daß doch die Blumen wenigstens mir sehr verständliche Geschöpfe sind, und ich sollte denken, daß ich es durch mein Leben ordentlich dahin bringen könnte, daß sie schon recht viel verstanden würden, wenn man es nur auf eine gescheute Art anfange», schreibt Runge an Tieck (1.12.1802). Die Blume ist ein Zentralmotiv Runges; ihr Verständnis sollte kein äußerliches, konventionelles, sondern ein inneres werden. So schreibt er an Bruckner (18.12.1807): «Denn es sollte mir leyd sein, wenn über den konventionellen botanischen Kennzeichen, die doch nur Register sind, nicht weit lebendigere Gestaltungen und Analogien der Form dich angezogen hätten. Diese *lebhafte Beweglichkeit in den Formen der Blumen und Gewächse, die von ihrer ersten Keimung bis zur Reife der Frucht wie ein Epos darin sich offenbart,* ist der genaue Zusammenhang, der durch die analoge Veränderung der vier Tages- und Jahreszeiten sie mit unserem eigenen Leben, Wachsen und Würken in Verbindung bringt, welchen Zusammenhang ich wie eine einzige Blüthenentfaltung in der Vollendung meiner Bilder darstellen möchte.»

Wovon kündet nun dieses «Epos», das Runge aus der «lebhaften Beweglichkeit» der Pflanzenformen, d.h. aus der pflanzlichen Metamorphose vernimmt? «Es wird mir bey allen Blumen und Bäumen vorzüglich deutlich und immer gewisser, wie in jedem ein gewisser menschlicher Geist und Begriff oder Empfindung steckt und wird es mir so klar, daß das noch vom Paradiese her seyn muß; es *ist gerade so das reinste, was noch in der Welt ist»* (an Tieck, 1.12.1802); und an seinen Bruder Daniel schreibt er (9.3.1802): «Die Freude, die wir an den Blumen haben, das ist noch ordentlich vom Paradiese her. So verbinden wir immer einen Sinn mit der Blume [also eine menschliche Gestaltung], und das ist erst die rechte Blume, die wir mit unserer Freude meinen.»

Zwei innerlich zusammenhängende Aussagen macht Runge:

1. Das erkennende Erleben der Pflanzen führt ihn in einen Bereich, der eigentlich nicht in der Gegenwart der Erde

existiert, sondern noch «vom Paradiese» her sich in die Gegenwart erstreckt. Die Pflanze kündet einem von dem Zustand einer Reinheit, die in der Erde sonst nicht mehr anzutreffen ist; denn die Dinge der Erde sind unreiner geworden, sie sind dem Paradies entfallen, sie sind im «nachparadiesischen Zustand» des Sündenfalles. Runge möchte sie durch seine Kunst wiedererheben. Am 27.11.1802 schreibt er an seinen Bruder: «Das [Gleichnis Gottes] in uns zu suchen und zu bilden, das ist das, was wir das Ideal dieser Kunst nennen müssen, diese Blüthe der Menschheit, dies Land, das wir das Paradies nennen, das inwendig in uns liegt».[163]

Die Sicht der Vergangenheit der gemeinsamen Evolution von Mensch und Natur (insbesondere Pflanzenreich) und der zu erreichenden Zukunft, nämlich der Wiederherstellung des Paradieses-Zustandes in erneuerter Form, aus einem «Paradies ... das inwendig in uns liegt», ist ganz gleich dem, was Steiner ausführt und skizziert (vgl. den Abschnitt S. 138: «Geisteswissenschaftliche Sicht der Evolution – das Christliche bei Goethe»).

2. Von diesem Menschen, der im «paradiesischen Zustand» «Gleichnis Gottes» war, steckt in jeder Pflanze «ein menschlicher Geist und Begriff und Empfindung», eine «menschliche Gestaltung», ein «menschlicher Charakter»: Die Pflanze ist stoffliche Manifestation, sinnlicher Ausdruck der menschlichen Seele, ihrer unzähligen Regungen und Bereiche.[164] Die äußerlich anschaubare Pflanze ist die in den Geheimniszustand versetzte Innerlichkeit des Menschen – kann man in Abwandlung eines Ausspruchs von Novalis sagen.[165] So war es Runges Vorsatz, «daß immer bey allen Blumen-Kompositionen gerade die menschliche Empfindung dabey gemahlt» werden müßte (an Tieck, 1.12.1802). Und im Brief v. 27.11.1802 an den Bruder Daniel heißt es: «Ich bin gewiß, daß ich es auf eine mehr oder

weniger verständliche Weise herausbringen werde für den, der nicht gar blödsinnig und dumm ist, *wie eine jede Blume doch immer einen menschlichen Charakter hat;* gerade nur, daß ich sie immer mit diesem zusammenstelle.» Hier ist Runges Idee, den Bedeutungsgehalt der Blume, die menschliche Seelenregung, durch Genien bzw. Kinder zum Ausdruck zu bringen.

Der Mensch hat eine vergangene Höhe des Menschseins, in der er in paradiesischer Unbewußtheit existierte, bewußt wiederherzustellen. Gegen dieses menschliche Bemühen wirkt ein machtvoller Impuls: «Ich glaube es, daß wir noch eine furchtbare Zeit erleben werden; und erleben wir sie nicht, so erleben wir etwas noch schrecklicheres: die bange Erwartung vor dem Erdbeben, wo die schleichende kalte Vernunft und Verständigkeit den ewig lebenden Funken Gottes zusammendrücken will» (an Daniel, 20.7.1803). Den zu erreichenden neuen paradiesischen Zustand charakterisiert Runge, indem er die Wandlung des Menschen in eine Blume beschreibt. Mit Recht sind die dichterische Schönheit und Eindringlichkeit der Sprache und die Kraft des Bildes in den folgenden zwei Briefauszügen (an seine Mutter) oft betont[166] worden. Am 15. Juni 1803 schreibt er: «Recht viele Blumen mache ich, liebe Mutter, und vertiefe mich immer mehr in die lebendige Fülle der Farben. In den Blumen fühlt unser Gemüth doch noch die Liebe und Einigkeit selbst alles Widerspruchs in der Welt; *eine Blume recht zu betrachten, bis auf den Grund in sie hineinzugehen, da kommen wir nie mit zu Ende …* Alles Lebendige hat in unserer Seele einen Spiegel, und unser Gemüth nimmt alles recht auf, wenn wir es mit Liebe ansehen. Dann erweitert sich der Raum in unserem Innern, und wir werden zuletzt selbst zu einer großen Blume, wo sich alle Gestalten und Gedanken wie Blätter in einem großen Stern um das Tiefste unserer Seele, um den Kelch wie um einen tiefen Brunnen drängen, aus welchem bloß die Staubfäden als die Eimer und die tiefen Leidenschaften unserer Seele herauskommen und wir uns selbst immer verständlicher werden.»

Und am 18.12.1802: «Mir ist der Mensch wie eine schöne Blume, die, wenn sie aufgeblüht in ihrer vollen Kraft steht und die Sonne bescheint sie, nimmt sie den fruchtbaren Blüthenstaub auf, der in den Lüften zieht, und bringt dann Früchte; so ist es mit dem Menschen, dem zu der kräftigen vollen Zeit seines Lebens sich der Sinn erschließt, der dann das himmlische Licht ergreift und aus allem Lebendigen um sich es zu verstehen sucht. In solchem Menschen vergeht das Leben nicht und die innere Lust und Jugend bleibt ihm ewiglich.»

IV
Substanz und Form des Blütenstaubs – der Blütenstaub im Lichte der Elementenlehre

Allgemeines zur Elemententehre

Goethe «stellt sich vor, daß die Blätter [am Pflanzenstengel] ihre fortschreitende Ausbildung und Verfeinerung dem Licht und der Luft schuldig sind», schreibt Steiner 1897 in seiner Schrift *«Goethes Weltanschauung»*.[167] Er bezieht sich zum einen auf das Gedicht *Die Metamorphose der Pflanzen:*

> «Mäßiger leitet sie nun den Saft, verengt die Gefäße,
> Und gleich zeigt die Gestalt zärtere Wirkungen an ...»

wo Goethe die Umgestaltung der Stengelblätter bis zu den Blütenblättern im Zusammenhang mit einem Zurückdrängen der Wirkung des Wäßrigen sieht. Zum anderen weist er auf eine Textstelle der gleichnamigen Schrift Goethes: «Wenn wir jene in der verschlossenenSamenhülle erzeugten Kotyledonen, mit einem rohen Saft nur gleichsam ausgestopft, fast gar nicht oder nur grob organisiert und ungebildet finden, so zeigen sich uns die Blätter der Pflanzen, welche unter dem Wasser wachsen, gröber organisiert als andere, der freien Luft ausgesetzte; ja, sogar entwickelt dieselbige Pflanzenart glättere und weniger verfeinerte Blätter, wenn sie in tiefen, feuchten Orten wächst, da sie hingegen, in höhere Gegenden versetzt, rauhe, mit Haaren versehene, feiner ausgebildete Blätter hervorbringt.»[168]

Schon an diesen Beispielen sieht man deutlich, daß Goethe die Natur auch – wie es in seiner Zeit allgemein noch stark lebte – im Sinne der Elemententehre betrachtete.

Steiner forderte vielfach und begründete eine Erneuerung der griechischen Elemententehre, die bis in die Gestaltung des Schulunterrichts wirken sollte.[169] Die Elemente sind die Schicht der Wirklichkeit, über die die Ganzheit der Lebensvorgänge, der Lebensleib, «das Physische bearbeitet».[170] Die griechische Elementenlehre ist am umfassendsten bei Aristoteles[171] dargestellt, und folgende Betrachtung aus der *Meteorologie* ist wie eine Art Kompendium derselben:

«Es wurden für die Elemente vier verursachende Qualitäten statuiert, deren Zusammenordnung zu Paaren eine Vierzahl von Elementen ergibt; zwei Qualitäten sind aktiv, Warm und Kalt, zwei passiv, Trocken und Feucht. Dessen kann man sich auf dem Wege der methodischen Erfahrung versichern: überall sind es offensichtlich Wärme und Kälte, die die Form der Dinge bestimmen, sie zusammenwachsen und sich wandeln lassen, und zwar sowohl gleichartige wie ungleichartige Körper, indem sie sie feucht und trocken, hart und weich machen. Dagegen sind es Trocken und Feucht, die eine Bestimmung ihrer Form erfahren und die anderen genannten Wirkungen erleiden, sowohl einzeln für sich wie in der Verbindung miteinander in einem Körper. Ferner ergibt sich das Gleiche auf Grund der theoretischen Überlegungen, mit denen wir das Wesen jener Elementarqualitäten bestimmen; wir bezeichnen ja Warm und Kalt als aktiv (Konzentrieren ist etwas Aktives), Feucht und Trocken als passiv (denn was leicht bzw. schwer formbar ist, heißt in Beziehung auf eine bestimmte Passivität seiner Wesensart so). Es ist somit deutlich, daß das eine Paar aktiv, das andere passiv ist.»

Die Anordnung und innere Verwandtschaft der Elemente

ergibt sich aus der teilweisen Übereinstimmung der «verursachenden Qualitäten»:

trocken kalt	kalt feucht	feucht warm	warm trocken
Erde	Wasser	Luft	Feuer

Der Grieche «stellt sich nicht die äußere physische Luft vor, sondern er bildet sich eine Idee. In dieser war die Unteridee drinnen: warm und trocken. Es war nicht das grobe Haften an dem Sinnlichen; es waren gewisse innere Qualitäten, unter denen er sich das vorstellte. Man mußte sich aufschwingen zu etwas, was man nicht mit den Augen sieht, sondern mit Gedanken erfaßt, um zu diesen Elementen zu kommen.»[172] Das heißt, die Elemente sind erst einmal als Idee, als *besondere Betrachtungsweisen* der Welt auszubilden, bevor man die dieser jeweiligen Betrachtungsweise korrespondierende Wirklichkeitsschicht erfaßt.

Für Steiner hat eine Betrachtung der Welt im Sinne der Elementenlehre eine eminent bildende und somit auch pädagogische Bedeutung. Betrachtet man die Welt zusammengesetzt aus den über 70 chemischen Elementen, dann übt das «auf die Empfindungswelt eine solche Wirkung aus, daß man sich als Mensch ganz herausstellt».[173] Dagegen: «Wenn man sich diese Qualitäten [also das Feuchte und Trockene, das Kalte und Warme] vorstellt und in sich lebendig macht, dann sind das Vorstellungen, die einen qualitativ erfassen. Man wird durchdrungen von ihnen. Sie gehen in die Glieder.»

Im Paragraph 45 der *Metamorphose der Pflanzen* sagt Goethe: «Es ist eine sehr wahrscheinliche Meinung, daß Farbe und Geruch der Kronenblätter der Gegenwart des männlichen Samens in denselben zuzuschreiben sei. Wahrscheinlich befindet er sich in ihnen noch nicht genugsam abgesondert, vielmehr mit andern Säften verbunden und diluiert.» Also «Blütenstaub im weiteren Sinne» ist für Goethe «eigentlicher» Blütenstaub, Blütenduft (auch Nektar), Blütenfarbe.

Wie kommt Goethe zu einer solchen Sicht?

Zum einen aus der Beobachtung der *Gestaltmetamorphose der Pflanze,* zum anderen aus der Beobachtung der damit verbundenen *Substanzmetamorphose:* Die Staubblätter können in ihrer typischen Ausbildung die «Substanz des männlichen Samens» enthalten, können sich aber auch in verschieden gestaltete Nektarien verwandeln (z.B. *Parnassia palustris,* das Sumpfherzblatt; viele Hahnenfußgewächse, Abb. 55), die Duftstoffe oder Nektar bergen; schließlich ist gerade auch bei den gelben Hahnenfußarten die Metamorphose in Blumenblätter möglich, die Farbstoffe enthalten, aber auch z.T. Duftstoffe oder Nektar. Wenn die Wälder in der Herbstfärbung «aufblühen», sind es vor allem Blütenfarbstoffe (auf der Basis von Karotinoiden), die von dem grünen Chlorophyll überdeckt waren und nach dessen Verbleichen aufleuchten. Zu der gleichen Stoffgruppe gehören auch viele etherische[174] Öle als Duftstoffe, Balsame, Harze, Terpentin, Kolophonium u.a., überhaupt die große Stoffklasse der Terpenoide. Alle diese Stoffe sind eng verwandt mit dem Sporopollenin, einem Polyterpen, der Pollen- und Sporenwand. Es ist insofern ein äußerst trockener Stoff, als

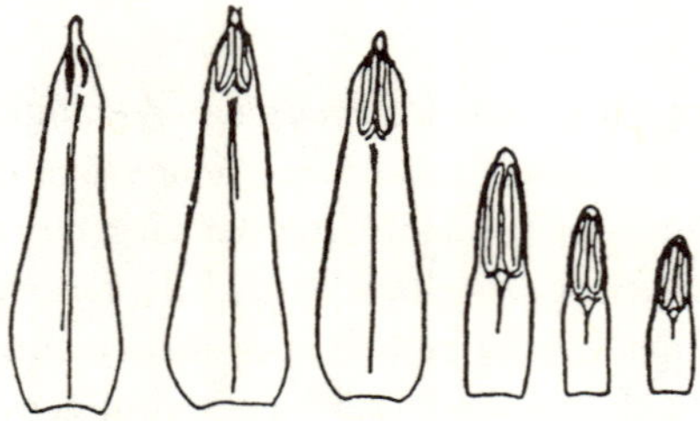

Abb. 54: Übergang von Staubblättern zu Kronblättern bei *Nymphaea* (nach W. Troll).

er hochpolymer ist.[175] Blütenstaub ist das wohl Dauerhafteste, im Sinne der griechischen Elementenlehre das Trockenste, was die Natur hervorgebracht hat. Wenn Goethe die oben genannten Blütenfarbstoffe und den Geruch etherischer Öle, der vor allem auch von Blüten ausströmt, für «diluierten» Blütenstaub hält, so will er zum Ausdruck bringen, daß alle diese Substanzen so erlebt werden müssen, daß sie dem Wirken der austrocknenden Wärme entstammen.

Diese ausdörrende Wirkung führt dazu, daß – unter Wasserabspaltung und zunehmender stofflicher Vernetzung – immer trockenere Stoffe mit steigendem Energiegehalt entstehen: Alle genannten Stoffe sind brennbar, teilweise explosiv entflammbar. Den Gipfelpunkt in dieser Reihe «feuriger» Stoffe bilden die Sporopollenine des Blütenstaubs. Immer wieder eindrucksvoll ist der Versuch mit (käuflich zu erwerbenden) Schachtelhalmsporen: Eine kleine Handvoll

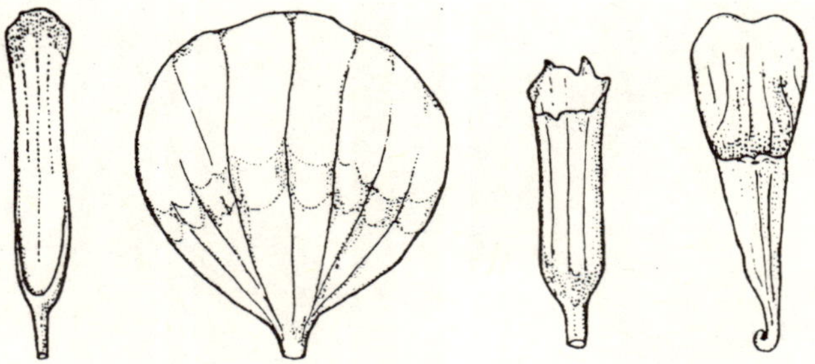

a b c d

Abb. 55: Nektarblätter verschiedener Hahnenfußgewächse, bei Abb. b als Blütenblatt ausgebildet. a. *Trollius giganteus;* b. Goldhahnenfuß *(Ranunculus auricomus);* c. stinkende Nieswurz *(Helleborus foetidus);* d. Akelei *(Aquilegia vulgaris);* alle leicht vergrößert (nach Firbas).

in die Bunsenflamme geworfen, führt zu einem unerhört explosiven Aufflammen.

So ist der Blütenstaub, Pollen und Sporen der Pflanzen, das «Feurigste» in der Blütenbildung; es ist ein durch und durch warmer Stoff: maximal verdichteter Duft und konzentrierte Farbe der Pflanze.

Gleichzeitig ist die Blütenstaubwand, wie wir oben feststellten, das Dauerhafteste und Haltbarste, das die Natur in ihren belebten Bereichen hervorgebracht hat. Als hochpolymerer, fettartiger Stoff ist die Pollenwandsubstanz auch gegen Säuren und Laugen recht unempfindlich. In der Pollenanalyse macht man insofern Gebrauch davon, als man aus praktisch unversehrten Pollenwänden, die in Jahrtausende alten Erdschichten gefunden wurden, auf die damals wachsende Vegetation schließen kann.[176]

Sich auf diese Weise ein Bild vergangener Vegetationen zu

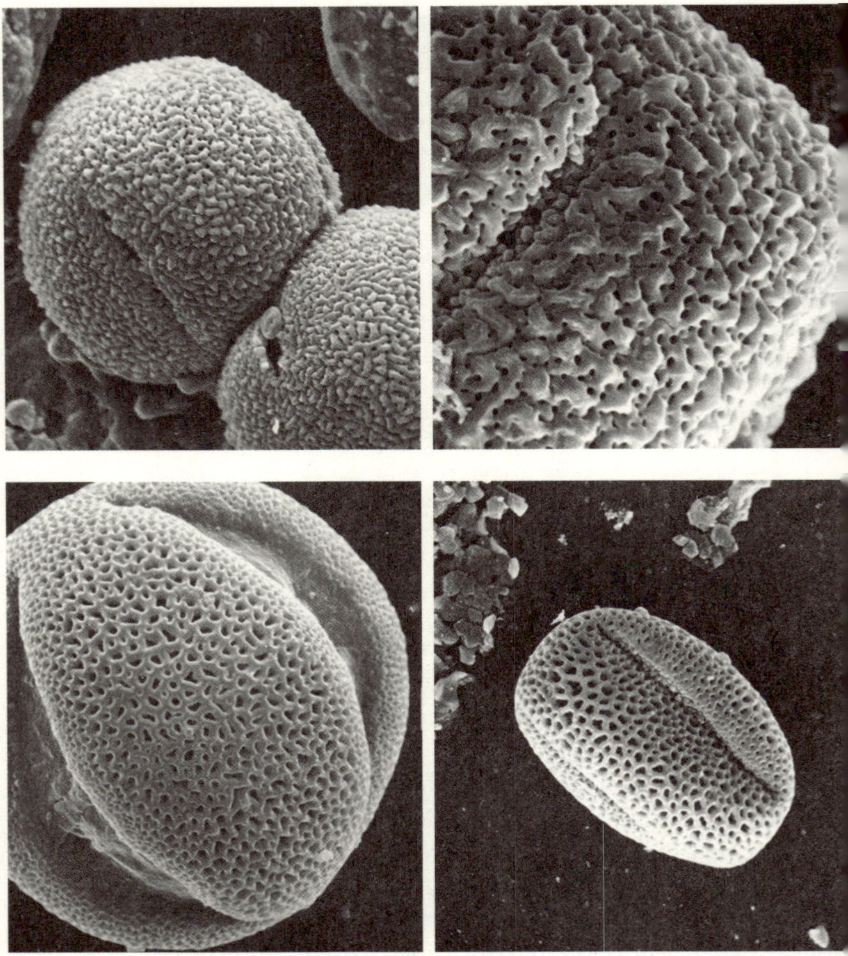

Abb. 56: Rasterelektronenmikroskopische Aufnahmen verschiedener Pollenkörner aus der Familie der Sauerkleegewächse (*Oxalidaceae)* und Springkrautgewächse *(Balsaminaceae)*, Vergr. 5000 : 1 (Aufnahmen: Pfänder; Präparate: Oltmann).

machen, ist aber nur möglich, weil der Blütenstaub, bzw. seine Wandung, zu dem Strukturiertesten im Pflanzenreich gehört. Die vielfältigen Muster, Strukturen, Formen der Blütenstaubwand sind für die verschiedenen Pflanzen so charakteristisch, daß man auch von ihrem «Fingerabdruck» spricht. So ist der Blütenstaub auch in bezug auf die Ausgestaltung etwas extrem «Trockenes» (Abb. 56). Gelangt der Blütenstaub – bei der Bestäubung und Befruchtung – als «komprimierte Wärme und Trockenheit» an und in das Wäßrige und Unausgestaltete der Samenanlage und des Embryosackes, gelangt – im Sinne der Elementenlehre – Feuriges in Wäßriges, dann wird

a) zum einen ein Entwicklungs-Impuls gegeben; dessen physiologischer Ausdruck ist eine Erhöhung der Atmung im Bereich der Samenanlage;

b) zum anderen ein Gestaltungsvorgang ausgelöst; die Grundorgane und gegebenenfalls Anhangsorgane (z.B. Haustorien) des Embryos bilden sich, ein Nährgewebe wird ausgebildet (Endosperm oder Perisperm) u.a.;

c) schließlich die Samenanlage in der Ausbildung des Samens immer mehr von einer austrocknenden, ausdörrenden Wirksamkeit durchzogen: Die wäßrige Substanz der Samenanlage wandelt sich mit der Samenreife immer mehr in eine überwiegend mehlige, hornartige (Reservezellulose) fettige Stofflichkeit. Es entstehen, vor allem im Nährgewebe (Endosperm), «warme Substanzen» mit einem höheren Energiegehalt, die brennbar sind.[177]

Schlußbemerkung

Blickt man auf den Blütenstaub, so betrachtet man die Pflanzenmetamorphose an einer besonderen Stelle: Im Rhythmus des Ausdehnens und Zusammenziehens der Pflanze im grünen Blattbereich, im Blütenbereich und im Frucht-, Samenbereich ist die Ausdehnung im Verstäuben auf die Spitze getrieben. Diesem besonderen Bereich der Staubblätter im Zusammenhang der Gestaltmetamorphose entspricht eine Substanzmetamorphose der Pflanze, ein Wandel ihrer Stofflichkeit und ihres Chemismus von der Wurzel bis zur Blüte bzw. bis zum Samen. Die Pflanze schreitet von einer «irdisch-wäßrigen» Ausbildung fort zu einer «warm-trockenen», wenn man an die Ether, die etherischen Öle, die Fette usw. des Blüten-(und Samen-)bereiches denkt. Ein Höhepunkt in der Ausbildung einer warmen, trockenen Stofflichkeit in der belebten Natur überhaupt ist durch die Bildung des Blütenstaubes gegeben.

Anmerkungen

Anmerkungen zum Vorwort

1 Artemis-Ausgabe, Bd. 11, S. 456, *ageometrikos:* «einer, der die Geometrie nicht beherrscht».
2 Steiner R.: Die geistige Erkenntnis als höchstes Befreiungswesen. 2. Vortrag 8.10.1906: Die Aufgabe der geisteswissenschaftlichen Bewegung. In: *Ursprungsimpulse der Geisteswissenschaft*, Gesamtausgabe Bibliographie Nummer 96 (= GA 96), Dornach 1974, S. 100.
3 Steiner, R.: *Theosophie,* Kapitel: «Die drei Welten», I Die Seelenwelt, II Die Seele in der Seelenwelt nach dem Tode. GA 9, Dornach [31] 1987.
4 Siehe seinen Vortrag vom 20.10.1906 über den Erkenntnispfad und seine Stufen im angeführten Band *Ursprungsimpulse der Geisteswissenschaft.*
5 Wir danken der Firma Weleda AG für die Finanzierung dieser Zeichnungen.
6 Die Linde zeigt auch Übergänge zur Windblütigkeit (Eisenhut 1959).
7 Daß Goethe dem Blütenstaub bzw. den Staubbeuteln einen gestaltenden Einfluß zuschrieb, sieht man an folgender Bemerkung *(Metamorphose der Pflanzeen* VI, 48): «Bei mehreren Rosensorten zeigen sich innerhalb der vollkommen gebildeten und gefärbten Kronenblätter andere, welche teils in der Mitte, teils an der Seite zusammengezogen sind; diese Zusammenziehung wird von einer kleinen Schwiele bewirkt, welche sich mehr oder weniger als ein vollkommener Staubbeutel sehen läßt, und in eben diesem Grade nähert sich das Blatt der einfacheren Gestalt eines Staubwerkzeugs.»

8 Am Getreidekorn ist die Samenschale mit der Fruchtwand verwachsen (Karyopse).

9 Heterotrophe Organismen sind die Tiere, aber – unter den Pflanzen – z.B. auch die Pilze; sie ernähren sich von organischer Substanz und können diese nicht selbst – wie die typische Pflanze – mit Hilfe des Sonnenlichtes aus Mineralischem, Anorganischem aufbauen.

10 Steiner, R.: *Allgemeine Menschenkunde.* 12. Vortrag, 3.11. 1919, GA 293. Dornach 1975.

11 In der Sprache der Geisteswissenschaft R. Steiners das «Astralische», das auch das unbewußt im Physiologischen sich darlebende Seelische meint.

12 In der Geisteswissenschaft R. Steiners wird das lebendige Ganze der Lebensvorgänge als Lebensleib, Bildekräfteleib oder Ätherleib bezeichnet. – Vgl. hierzu: G. Grohmann: *Die Pflanze.* Bd. II, S. 109 – 149, 4. Aufl. Stuttgart 1991. Th. Göbel: Die Metamorphose der Blüte, in: W. Schad (Hrsg.), *Goetheanistische Naturwissenschaft,* Bd. 2, S. 82 ff., Stuttgart 1982.

13 Kölreuter, G.: *Vorläufige Nachricht von einigen das Geschlecht der Pflanzen betreffenden Versuchen und Beobachtungen.* Leipzig 1761; 1763; 1766; 1769.

14 Sprengel, Ch. K.: *Das entdeckte Geheimnis der Natur im Bau und Befruchtung der Blüten.* 1793.

15 Darwin, Ch.: *The various contrivances by which Orchids are fertilised by Insects.* London 1904. (1. Aufl. 1862).

16 Delpino, F.: Ulteriori osservazioni sulla dicogamia nel regno vegetale. I (1868; 1869), II (1875; 1890). *Atti della Soc. Ital. delle Sci. Nat.* 11, 12.

17 Müller, H.: *Die Befruchtung der Blumen durch Insekten und die gegenseitige Anpassung beider.* Leipzig 1873. *Die Alpenblumen, ihre Befruchtung durch Insekten und ihre Anpassungen an dieselben.* Leipzig 1881.

18 Porsch, Otto: Vogelblumenstudien I, in: *Jahrb. wiss. Bot.,* Bd. LXIII, H 41,1924, S. 553 - 706. Zitate von S. 617 und 555.

19 Teleologisch, final: von der Zukunft, von dem Ziel oder Zweck her bestimmt.

20 Kausal: von der Vergangenheit, dem vorhergehenden Grund her bestimmt.

21 Universalia in re: Allgemeinbegriffe, in den Dingen wirkend.

22 Nominalismus: Begriffe sind nur Namen für die Dinge.

23 Universalienstreit: philosophische Auseinandersetzung in der Zeit der Scholastik über die Frage, ob die Universalia, die Allgemeinbegriffe, zur Wirklichkeit gehören oder die Wirklichkeit nur benennen.

24 Vogel, S.: Blütenbiologische Typen als Elemente der Sippengliederung – dargestellt anhand der Flora von Südafrika. *Botanische Studien* H. 1. Hrsg. Troll, W. und v. Gutenberg H., Jena 1954.

25 Troll, W.: *Organisation und Gestalt im Bereich der Blüte.* Berlin 1928.

26 Siehe Anm. 24, S. 20.

27 Siehe Anm. 24, S. 13.

28 Steiner, R.: Über den Gewinn unserer Anschauungen von Goethes naturwissenschaftlichen Arbeiten durch die Publikationen des Goethe-Archivs. 1891. In: *Methodische Grundlagen der Anthroposophie 1844 - 1901.* GA 30, Dornach [3]1989.

29 Naegeli, C.: *Mechanisch-physiologische Theorie der Abstammungslehre.* München, Leipzig 1884.

30 Aus Vogel. Siehe Anm. 24, S. 27.

31 Xanthopan morgani f. praedicta (lat. forma praedicta = die vorhergesagte Form).

32 Vogel. Siehe Anm. 24, S. 36.

33 Vgl. Kugler, H.: *Blütenökologie.* Stuttgart 1970. – Heß, D.: *Die Blüte.* Stuttgart 1990. – Vogel (siehe Anm. 24), 1954. – Derselbe: Blütenökologie. *Progress in Botany* 37, S. 379-392, 1974. – Barth, F. G.: *Biologie einer Begegnung,* Stuttgart 1982. – Raven, P. H., Ray, F. E. and H. Curtis: *Biologie der Pflanzen,* Berlin, New York 1988. S. 416 ff.

34 Bienen sehen unser Rot als Schwarz; Rot ist also keine eigentliche Bienenfarbe.

35 In den Bienen lebt sozusagen eine innere Sonnenbewegung («innere Uhr»). Die Biene «merkt sich» z.B. den Winkel, den eine Nektarblume im Verhältnis zum Sonnenstand hatte.

Sucht sie die Blume z.B. nach einer Stunde auf oder zeigt sie im «Schwänzeltanz», der eine Zeigerichtung enthält, anderen Bienen diese Blume, dann kann sie die Winkeländerung, die sich durch die Sonnenbewegung ergibt, berücksichtigen. Die Biene orientiert sich mit Hilfe des sog. polarisierten Lichtes.

36 Nyktinastie: diese «Schlafbewegungen» der Blüten kennt wohl jeder – zumindest vom Gänseblümchen.

37 Heß. Siehe Anm. 33, S. 306.

38 Kugler. Siehe Anm. 33, S. 300.

39 Die vielen Blüten bilden hier ja eine Blume.

40 Heß. Siehe Anm. 33, S. 306.

41 Heß. Siehe Anm. 33, S. 303.

42 Steiner, R.: *Über das Wesen der Bienen.* Vortrag v. 10.12.1923 («Über die Gallwespe»). Vorträge für die Arbeiter am Goetheanum, Bd. 5, GA 351, Dornach 1988.

43 *Esdorn, J. und H. Pirson: Die Nutzpflanzen der Tropen und Subtropen in der Weltwirtschaft,* Stuttgart 1973, S. 111.

44 Lengerken, H. v.: *Das Tierreich,* Berlin 1966. – Kugler, H.: *Blütenökologie,* Stuttgart 1970, S. 73 ff. – *Brehms Tierleben,* Bd. 27. Zweite von A. Meyer bearbeitete Originalausgabe, S. 156 (dieser Text war R. Steiner bekannt). – Weberling, F.: *Morphologie der Blüten und der Blütenstände,* Stuttgart 1981, S. 303. – Franke, W.: *Nutzpflanzenkunde,* Stuttgart 1976, S. 308ff.

45 Steiner, R. Siehe Anm. 42, S. 208.

46 R. Steiner (siehe Anm. 42) schildert, daß dieser Übergang von der Feigenwespe zur Biene sich in «atlantischer Zeit» (Tertiär), durch Einwirkung des damaligen Menschenvorfahr, vollzogen habe.

47 Vogel, Stefan: Ölblumen und ölsammelnde Bienen, in: *Tropische und subtropischePflanzenwelt,* 7, Wiesbaden 1976. Derselbe: *Ölblumen und ölsammelnde Bienen,* 2. Folge, 4 in: *Tropische und subtropische Pflanzenwelt* 54, Stuttgart 1986.

48 Beispiele für eine Blumenuhr (es sind nur die Öffnungszeiten der Blüten, nicht deren Schließzeiten angegeben): 4 - 5 Uhr: Wildrose (Rosa canina). 5 Uhr: Klatschmohn (Papaver rhoeas). 5 - 6 Uhr: Ausdauernder Lein (Linum perenne). 6

Uhr: Wegwarte (Cichorium intybus). 6 - 7 Uhr: Wald-Weidenröschen (Epilobium angustifolium). 7 Uhr: Huflattich – (Tussilago farfara). 7 - 8 Uhr: Ackerwinde (Convolvulus arvensis). 8 - 9 Uhr: Stengelloser Enzian (Gentiana clusii). 9 - 10 Uhr: Tulpen (Tulipa spec.). 10 - 11 Uhr: Blutwurz (Potentilla erecta). 18 Uhr: Gewöhnliche Nachtkerze (Oenothera biennis). 19 - 20 Uhr: Stechapfel (Datura stramonium). 20 - 21 Uhr: Nickendes Leimkraut (Silene nutans). 21 - 22 Uhr: Königin d. Nacht (Selenicereus grandiflorus). Diese gemittelten Zeiten werden durch Wind, Temperatur, Regen u. a. beeinflußt (nach Heß, siehe Anm. 33, S. 217).

49 Beispiele für eine Schmetterlingsuhr (angegeben sind das erste Auftauchen bzw. die stärkste Flugaktivität): 2 Uhr: Segelfalter. 3 Uhr: Gamma-Eule. 4 Uhr: Blaukernauge. 5 Uhr: Widderchen. 8 Uhr: Bläuling. 9 Uhr: Weißling. 10 Uhr: Taubenschwänzchen. 11 Uhr:Admiral. – *Nachtfalter:* 18 Uhr: Wolfsmilchschwärmer. 19 Uhr: Totenkopfschwärmer. 20 Uhr: Tigermotte. 21 Uhr: Ligusterschwärmer. (Auch hier gibt es Änderungen je nach Wetterbedingungen; nach Heß, siehe Anm. 33, S. 219).

50 In der neuen Welt (Nord- u. Südamerika) sind es die auch bei uns vorkommenden Kleinfledermäuse *(Mikrochiroptera)*, in der alten die Großfledermäuse *(Megachiroptera)*.

51 Porsch, O.: Grellrot als Vogelblumenfarbe, in: *Biologia Generalis.* Bd. VII, Lief. 2. H., S. 647 - 674, 1931.

52 Porsch, O.: Der Vogel als Blumenbestäuber, in: *Biologia Generalis.* Bd. IX, 2. H., S. 252, 1933.

43 Suchantke, A.: *Der Kontinent der Kolibris,* Stuttgart 1982, S. 383.

54 Porsch, O.: Vogelblumenstudien II, in: *Jahrb. wiss. Bot. Bd. LXX, H. 2,* 1929, S. 264.

55 Heß. Siehe Anm. 33, S. 313.

56 Kugler. Siehe Anm. 33.

57 Göbel, Th.: *Feuererde,* Stuttgart 1976, S. 102.

58 Die Wurzel der Pflanze ist das vitalste Organ; das am wenigsten Gestaltete, bezüglich der Form mineralisch Passive ist voller Leben; die Blüte ist Bild und insofern das Unvitalste

der Pflanze; sie muß aus dem unteren Pflanzenbereich ernährt werden.

59 «Rhythmisch gestaltete Mitte»: der Wechsel von Ausweitung in der Blattbildung am Knoten und Konzentration, Verengung zum Sproß in den Zwischenknotenbereichen (Internodien).

60 Aus immerhin 16 verschiedenen Familien der Käfer stammen regelmäßige Blütenbesucher.

61 Ausnahmen sind die Farbigkeit und Kiefernverlängerung mancher Käfer, z.B. der Blütenböcke.

62 Heß. Siehe Anm. 33. – Trotzdem bespricht Heß «die Käferblumen». Vogel (siehe Anm. 32, S. 38) und Kugler (siehe Anm. 33, S. 202) sehen keinen eigenen Typus der «Käferblumen». Raven (siehe Anm. 33), Ehrendorfer im Strasburger *(Lehrbuch für Botanik),* Heß (siehe Anm. 33) u.a. beschreiben einen solchen Typus, z.T. mit Vorbehalt (z.B. Heß).

63 Goethe: Aphorismen und Fragmente. Das volle Zitat lautet: «Beispiel von der Rose. In der Blüte tritt das vegetabilische Gesetz in seine höchste Erscheinung, und die Rose wäre wieder nur der Gipfel dieser Erscheinung. Perikarpien können noch schön sein. Die Frucht kann nicht schön sein; denn da tritt das vegetabilische Gesetz in sich (ins bloße Gesetz) zurück.»

64 Das eigentlich Pflanzliche – gegenüber dem Tierisch-Beseelten – besteht in aufbauenden Lebensprozessen, durch welche mit Hilfe des Sonnenlichtes in den grünen Blättern aus Mineralischem – Wasser und Kohlensäure – lebende organische Substanz entsteht. Das Aufleben von Seelischem im Leben der Erde ist immer verbunden mit einem abbauenden Stoffwechsel; so baut die beseelte Tierheit das Pflanzliche ab, wie die Pflanzenblüte, als Bild seelischen Ausdrucks, die grüne, nährende, vegetative Pflanze abbaut, aus der sie sich wie eine höhere verfeinerte Pflanzenbildung erhebt. Die Pflanzen sind nicht – wie die Tiere – beseelt, sie erscheinen aber in ihren Blüten wie von Seelischem tingiert. Das gilt sowohl für die Farben und Formen, für die Blühstile der Blüten in ihrer Expressivität, wie auch für ihren abbauenden Stoffwechsel.

Deshalb werden wir seelisch, emotional auch so stark von den Blüten angesprochen.

65 Franke, W.: *Nutzpflanzenkunde*, Stuttgart 1976, S. 259 ff.

66 Ebd., S. 259.

67 Göppel, Rolf: Umwelterziehung – Katastrophenpädagogik? Moralerziehung? Ökosystemlehre? Oder ästhetische Bildung? *Neue Sammlung*. X. 1991, S. 25 - 38.

68 Ebd., S. 30.

69 Aus Göppel, ebd., S. 30.

70 Meyer-Abich, Klaus Michael: *Aufstand für die Natur*. München 1989.

71 Welsch, Wolfgang: *Ästhetisches Denken*. Stuttgart 1990, S. 9.

72 Göppel. Siehe Anm. 67, S. 33.

73 Gould, S. J.: *Zufall Mensch – Das Wunder des Lebens als Spiel der Natur*. Wien 1991, S. 216.

74 Lersch, Ph.: *Der Aufbau der Person*. München 1970, S. 271.

75 Siehe vor allem: Kuhn, Th. S.: *Die Struktur wissenschaftlicher Revolutionen*, Chicago 1962. Frankfurt 1979. – Dürr, H. P.: *Das Netz des Physikers*, dtv München 1990. – Paul Feyerabend: *Wider den Methodenzwang*. 1976.

76 Ein Versuch, diese Strömung nachzuzeichnen, liegt vor bei: Oltmann, O.: Vom Werden des Goetheanismus in der Geistesgeschichte Mitteleuropas. *Die Drei*, H. 11/1987, S. 849 - 866. Vgl. auch: E. Rothacker: *Das «Buch der Natur», Materialien und Grundsätzliches zur Metapherngeschichte*. Bonn 1979.

77 E. M. Kranich: Über die Beziehung von menschlicher Seele und Pflanzenwelt, in: Bohnsack, F. und E. M. Kranich: *Erziehungswissenschaft und Waldorfpädagogik*, Weinheim, Basel 1990, S. 209 ff.

78 Eduard Hanslick: *Vom musikalisch Schönen*, Breitkopf & Härtel, Wiesbaden 1980, S.22f.

79 Das physische Korrelat der bei Hanslick genannten Begriffe und Vorstellungen, des «Gedankenapparats», ist das Nervensystem. Ein einseitiger Mensch kann «von des Gedankens Blässe angekränkelt» sein (Shakespeare); ein «blutvoller», aktiver Mensch betont mehr das Willensleben. Anämie (Blutarmut), Eisenmangel u. ä. bedeuten in der Regel auch eine

Willens-, eine Antriebsschwäche. Eine solche psychosomatische Betrachtung ließe sich selbstverständlich sehr viel ausführlicher und genauer anstellen.

80 Steiner, R.: *Theosophie,* GA 9, Dornach 1975, S. 71 f.

81 Steiner, R.: Vortrag vom 8.10.1906. Siehe Anm. 2.

82 Steiner, R.: ebd., Vortrag vom 20.10.1906.

83 Thomas von Aquin, *Summa theologica* 1, 2, 32.

84 Wolfgag Schadewaldt, *Die Anfänge der Philosophie bei den Griechen,* Frankfurt 1979, S. 223 ff.

85 Mariä Lichtmeß ist gleichzeitig der Tag der Darstellung Jesu im Tempel.

86 Philipp Lersch, *Der Aufbau der Person,* München 1970, S. 271.

87 Der Winterling ist ursprünglich in Südeuropa zu Hause.

88 Siehe auch R. Steiner: *Die Welt der Sinne und die Welt des Geistes,* GA 134, Vortrag vom 27.12.1911, wo vom «Samenkorn des Staunens» gesprochen wird als dem Ausgangsort eines Schulungsweges zum wirklichkeitsgemäßen Denken.

89 Vergleiche die methodischen Anmerkungen und die Besprechung verschiedener Pflanzen – besonders der dem Winterling ähnlichen Anemone – bei: Kranich, E. M.: *Pflanzen als Bilder der Seelenwelt – Skizze einer Physiognomischen Naturerkenntnis,* Stuttgart 1993.

90 *Theosophie* (siehe Anm. 80) innerhalb des Kapitels ‹Die drei Welten›:«I. Die Seelenwelt» und «II. Die Seele in der Seelenwelt nach dem Tode».

91 Vgl. die Darstellung des Aronstabes in Kranich, E. M.: *Pflanzen als Bilder der Seelenwelt,* Stuttgart 1993 S. 58 ff.

92 Siehe Anm. 80, S. 101.

93 Siehe Anm. 80, S. 114.

94 Siehe Anm. 80, S. 102.

95 Siehe Anm. 80, S. 102.

96 Vgl. die Bedeutung des Strebens für den Menschen, wie Goethe sie in seinem *Faust* darstellt.

97 R. Steiner charakterisiert in der *Allgemeinen Menschenkunde als Grundlage der Pädagogik* (GA 293, Dornach 1973) das Fühlen so, daß «es aus einem Wechselspiel zwischen Sympathie und Antipathie sich zusammensetzt» (S. 35). In der *Theo-*

sophie (siehe Anm. 80, S. 105) betont Steiner für diese Schicht der Lust und Unlust, für die Welt der Gefühle nur die Sympathie, da er hier unter einem anderen Aspekt betrachtet.

98 Vgl. Kranich, E. M.: Ein Schlüssel zur Präexistenz, *Die Drei*, S. 413ff.

99 Goethe, *Fragmente*, dtv, Artemis-Gedenkausgabe, 1977. Bd. 17, S. 205.

100 Bockemühl, J.: Staubblatt und Fruchtblatt. Beiträge zum Verständnis der Bildebewegung im Blütenbereich, in: *Goetheanistische Naturwissenschaft Bd. 2: Botanik* (Hrsg. W. Schad) 1982, S. 115ff. – Entgegnung und Ergänzung: Schilperoord, P.: Die Zweiheit von Staub- und Fruchtblatt. *Elemente der Naturwissenschaft*, H. 1, 56, 1992, S. 71ff.

101 Astié in *Botanik* (siehe Anm. 100) nennt weitere Pflanzen, bei denen Zwischenformen von Frucht- und Staubblatt beschrieben worden sind: *Salix cinerea, Viola silvestris, Narcissus pseudonarcissus, Cheiranthus cheiri, Polemoneum coeruleum, Sempervicum textorum, Helleborus foetidus, Digitalis grandiflora.*

102 Goethe, *Sprüche in Prosa*, siehe Anm. 99.

103 Grohmann, G.: *Die Pflanze*. Bd. 1, 7. Auflage Stuttgart 1991, S. 50.

104 Siehe hierzu auch: Troll, W.: *Praktische Einführung in die Pflanzen*, 2. T. Jena 1957, S. 48 ff., S. 54, S. 56. – Göbel,Th.: Das Fruchtblatt in der Pflanzenmetamorphose. In: *Elemente der Naturwissenschaft*, H.8, 1968, S. 44 ff. – Bockemühl siehe Anm. 100. – Sturm, G.: Das Buschwindröschen. Rückschreitende Metamorphose. *Erziehungskunst* 3, 1969, S. 162 ff; oder in: *Leben im Wald*, 1989, S. 20 ff.

105 Siehe z.B. die Darstellung in: Strasburger, *Lehrbuch der Botanik*. Stuttgart, Jena, New York 1991.

106 Vgl. hierzu weitere Gesichtspunkte von Göbel (siehe Anm. 104), der u.a. das breite Feld der vegetativen Vermehrung in seine Betrachtungen einbezieht.

107 Deren Samen sind durch spontane Diploidisierung chromosomal meist «normal» ausgestaltet.

108 Vgl. Grohmann, G. (siehe Anm. 103); Troll, W. (siehe Anm. 104); besonders die Aufsätze von Bockemühl, Suchantke,

Bünsow, Göbel in: *Goetheanistische Naturwissenschaft. Bd. 2: Botanik* (Hrsg.: W. Schad), Stuttgart 1982. – Kranich, E.M.: *Die Formensprache der Pflanze,* Stuttgart 1976. – Schilperoord, P.: Die Zweieinheit von Staub- und Fruchtblatt. *Elemente der Naturwissenschaft, H. 1,* 56, 1992, S. 71 ff. – Goedings, P.: Erscheinungsformen der pflanzlichen Geschlechtlichkeit, insbesondere bei Viscum album L., Helleborus niger L. und Helleborus foetidus L., in: *Elemente der Naturwissenschaft 2, 57,* 1992, S. 98 ff.

109 Hervorhebungen durch den Verfasser. Goethe, siehe Anm. 99, S. 34 ff.

110 Siehe hierzu auch die Darstellungen von Bockemühl im Zusammenhang mit der Elementenlehre; in: *Erscheinungsformen des Ätherischen* (Hrsg. J. Bockemühl), Stuttgart 1977.

111 Splechtner, F. J. N.: Goethes Gesetz der Metamorphose und die Regel von den sogenannten homologen Variationsserien. *Gäa Sophia V* 1930 S. 118. – Bockemühl, J.: *Goetheanistische Naturwissenschaft. Bd. 2: Botanik,* Stuttgart 1982, S. 17 ff.

112 Wigand, A.: *Kritik der Lehre von der Metamorphose der Pflanze.* Leipzig 1846.

113 R. Steiner macht in *Goethes Naturwissenschaftliche Schriften,* «Deutsche National Literatur» (Hrsg. J. Kürschner Fotom. Nachdruck Dornach 1982) folgende Fußnote: « Die Idee von Ausdehnung und Zusammenziehung liegt tief begründet in Goethes ganzer Denkweise. Als er nach seiner Rückkehr von Leipzig sich mit Alchemie beschäftigte, suchte er sich die Bildung des Weltalls auch durch Ausdehnung und Zusammenziehung zu erklären *(Dichtung und Wahrheit,* II. Teil, 8. Buch).»

114 Da die Keimzellen haploid sind, bereiten sie nach heutiger Auffassung die geschlechtliche Fortpflanzung vor, die wieder zu einem diploiden Zustand führt. Trotzdem ist die von Goethe, Steiner und Troll behauptete Parallelität von Früchten, bzw. besser Samen und Sporen richtig; aus beiden geht eine neue Pflanze hervor. Außerdem, zeigt das nicht seltene Phänomen der Diplosporie – das Entstehen diploider Sporen ohne vorausgehende Reduktionsteilung –, daß Kernphasen-

wechsel und Generationswechsel nicht unbedingt zusammengehören.

115 Troll, W.: *Organisation und Gestalt im Bereich der Blüte.* Berlin 1928, S. 53.

116 unipolare Keimlinge; primäre Homorhizie.

117 bipolare Keimlinge; Heterorhizie.

118 Im Wurzelwerk kommt ganz das Leben, der Ätherleib, zum Ausdruck, der Blütenpol ist gleichzeitig eine Wirkung von Astralischem.

119 Grohmann: Siehe Anm. 103, S. 127. Ebenso Bünsow, unveröffentlicht.

120 Siehe auch Oltmann, O.: Korrelative und additive Gestaltauffassung, in: Buck, P. und Kranich E.M. (Hrsg.) *Übersehene Dimensionen der Natur und ihre Bedeutung für die Schule,* Weinheim, Basel 1995. – Kipp, F.: Arterhaltung und Individualisierung, in: *Goetheanistische Naturwissenschaft, Bd. 3: Zoologie* (Schad, W. Hrsg.), Stuttgart 1983, S. 7 ff.

121 Kernphasenwechsel: Wechsel von Generationen mit diploiden (Sporophyt) und haploiden (Gametophyt) Zellen. Generationswechsel: Sich ungeschlechtlich (s. Anm. 114) mit Sporen fortpflanzende Generation, steht im Entwicklungszusammenhang mit einer sich geschlechtlich fortpflanzenden.

122 Strasburger: *Lehrbuch der Botanik,* 1991, S. 479.

123 Goethe in: Verstäubung, Verdunstung, Vertropfung, *Goethes naturwissenschaftliche Schriften,* Kürschner *Deutsche National Litteratur* 114.Bd. S 156 Reprint Dornach 1975.

124 Aus der Verschmelzung der beiden Polkerne hervorgegangen.

125 Das sog. sekundäre Endosperm (triploid) gegenüber dem bei Gymnospermen vorliegenden primären Endosperm (haploid), das vom verinnerlichten Vorkeim (Prothallium) gebildet wird.

126 Raven, P. H. et al.: *Biologie der Pflanzen.* Berlin, New York 1988, S. 401.

127 Vgl. W. Schad: *Die Vorgeburtlichkeit des Menschen.* Stuttgart 1982, S. 87ff.: Besprechung der doppelten Befruchtung im Vergleich mit den Nadelhölzern (Pinus).

128 Wurmbach, H. : *Lehrbuch der Zoologie,* Stuttgart 1957, S. 154;

s. a. A. Kipp: Arterhaltung und Individualisierung in der Tierreihe, in: *Goetheanistische Naturwissenschaf Bd. 3: Zoologie* (Hrsg. W. Schad), Stuttgart 1983 S. 7-11.

129 In: Strasburger 33. Aufl., S. 828.

130 Zum Beispiel von Johansen, D.A.: *Plant Embryology.* Waltham/Mass. 1950. – Takhtajan, A.: *Die Evolution der Angiospermen.* Jena 1959. – Hutchinson, J.: *Evolution and phylogeny of flowering plants.* London 1969. – Ehrendorfer in Strasburger (siehe Anm. 129).

131 Siehe Anm. 127.

132 Vgl. Tittmann, W. : Das Wachstum der Pflanze als Bild der stammesgeschichtlichen Stellung des Menschen, in: Schad W. (Hrsg.): *Goetheanistische Naturwissenschaft Bd. 1: Allgemeine Biologie,* 1982, S. 73 ff.

133 J.G. Herder: «*Der Mensch ist der erste Freigelassene der Schöpfung.*» Aus den ersten fünf Büchern der «Ideen zur Philosophie der Geschichte der Menschheit», herausgegeben von Erika Dühnfort und Olaf Oltmann, Stuttgart 1989.

134 Paläontologisch: Sauriersterben, bzw. allgemein das Aussterben vieler Pflanzen und Tierarten. Mythologisch: luziferische Versuchung und Sündenfall.

135 J. W. Goethe, *Naturwissenschaftliche Schriften.* Mit Einleitungen und Erläuterungen im Text hg. von Rudolf Steiner. Fotomechanischer Nachdruck nach der Erstauflage in «Deutsche National-Litteratur» 1883 - 1897. Dornach 1982, erster Band, S. 157.

136 Ebd. S. 157 ff.

137 In: *Bausteine zu einer Erkenntnis des Mysteriums von Golgatha.* GA 175, Dornach [2]1982.

138 Ebd. S. 232.

139 Zitiert nach: Goldschmit-Jentner, R. K.: *Begegnung mit dem Genius,* Hamburg 1940, S. 139.

140 Steiner. Siehe Anm. 137, S. 232 und S. 237.

141 Vgl. hierzu auch: R. Steiner: *Die Geheimwissenschaft im Umriß,* Kapitel: Die Weltentwickelung und der Mensch.

142 Steiner. Siehe Anm. 137, S. 238.

143 Vgl. auch: K. M. Dietz: Thomas von Aquino und der Denk-

weg der Philosophie der Freiheit, *Das Goetheanum*, 60. Jg. Nr. 25, 1981, S. 193 ff.

144 Steiner. Siehe Anm. 137, S. 235.

145 Ebd. S. 231.

146 Ebd. S. 230.

147 Zilleßen, H.: Umweltethik und Umweltpolitik, *Einblicke* Nr. 9, April 1989, S. 16-18.

148 «Das ist das Wichtige, indem wir nach und nach die Geisteswissenschaft in uns aufnehmen, wieder die Empfindung zu bekommen von dem Heiligen der verborgenen Seiten in der Menschennatur. Dieses Empfinden ist viel wichtiger als das bloße theoretische Aufnehmen geisteswissenschaftlicher Dinge.» R. Steiner in: *Okkultes Lesen und okkultes Hören*, Vortrag vom 12.12.1914, Dornach 1987, GA 156, S. 119.

149 Jonas, H.: *Das Prinzip Verantwortung – Versuch einer Ethik für die technologische Zivilisation*, Frankfurt (Main) 1984, S. 57.

150 Lorenz, K.: Tiere sind Gefühlsmenschen, in: *Der Spiegel*, Nr. 47, 1980, S. 251 ff.

151 Siehe auch Oltmann, O.: Degeneration der Sinne – Degeneration menschlicher Begegnung, Möglichkeiten der Regeneration, in: Bohnsack, F. und Leber, S. (Hrsg.): *Soziales Lernen*, Weinheim, Basel 1996.

152 Siehe Anm. 137, S. 238.

153 Aus der Familie der Korbblütler zum Beispiel Löwenzahn *(Taraxacum)*, Habichtskraut *(Hieracium)*; aus der Familie der Rosengewächse zum Beispiel Eberesche *(Sorbus)*, Brombeere (*Rubus*), Frauenmantel (*Alchemilla*), Fingerkraut *(Potentilla)* u.a.

154 *Philipp Otto Runges Briefwechsel mit Goethe*, hrsg. von Hellmuth Freiherr von Maltzahn, Schriften der Goethe-Gesellschaft, 51. Band, Weimar 1940. – Philipp Otto Runge, *Hinterlassene Schriften*, herausgegeben von dessen ältesten Bruder, 2 Bde., Hamburg 1840 und 1841 (Nachdruck bei Vandenhoeck & Ruprecht, Göttingen 1965, 2 Bde.)

155 Von Maltzahn. Siehe Anm. 154, S. 33.

156 Grützmacher, C.: *Novalis und Philipp Otto Runge – Drei Zentralmotive und ihre Bedeutungssphäre: Die Blume – Das Kind – Das Licht*, München 1964, S. 34.

157 Einem, H. v.: *Ph. O. Runge, Bildnis der Eltern,* Werkmonographien zur bildendenKunst, Nr. 23, 1957, S. 3.

158 Johanna Schopenhauer in v. Maltzahn, siehe Anm. 154, S. 55.

159 Runge: *Hinterlassene Schriften* Bd. I, Siehe Anm. 154, S. 71.

160 Runge: *Hinterlassene Schriften* Bd. I, Siehe Anm. 154, S. 80.

161 *Farben-Kugel oder Konstruktion des Verhältnisses aller Mischungen der Farben zueinander, und ihrer vollständigen Affinität, mit angehängtem Versuch einer Ableitung der Harmonie in den Zusammenstellungen der Farben.* – Nebst einer Abhandlung über die.-Bedeutung der Farben in der Natur von Hrn. Prof. Henrik Steffens in Halle, 1810.

162 Jensen, H. C.: *Philipp Otto Runge – Leben und Werk,* dumont tb. Köln 1977. Vgl. auch: Traeger, J.: *Philipp Otto Runge und sein Werk,* Monographie und kritischer Katalog, München 1975.

163 Auf diese Aussage Runges nimmt Brentano in seinem berühmten Brief vom 21.1.1810 Bezug und deutet auf die tiefsten Antriebskräfte der Rungeschen Kunst: «Der Weg, den sie betreten haben, ist umso rühmlicher, als er wahrscheinlich ein einsamer bleiben muß; ja was ist einsamer, als die Philosophie, da sie sich selbst verlassen muß, um sich zu belauschen? Ihr Bestreben ist mir daher stets so achtungswerth und rührend erschienen, da sie gewissermaßen die Augen schließen, um in sich hinabzusteigen und zu sehen, wie sie zum Sehen gekommen; denn an solchem Bestreben sehe ich, daß das Leben der Kunst wahrlich verloren ist, in dem der Künstler sich umsehen muß in sich selbst, um das verlorene Paradies aus einer Notwendigkeit zu konstruieren.»

164 Steiner empfiehlt 1919 (*Erziehungskunst Seminarbesprechungen*) diese Idee als geistige Grundlage für den Pflanzenkundeunterricht in der 5., 6. Klasse.

165 Vgl. Berefelt, G.: Betrachtungen zu Philipp Otto Runges Gestaltungstheorie, *Baltische Studien,* N. F. Bd. 48, 1961, S. 51-61. Waetzold, S.: *Philipp Otto Runges «Vier Zeiten»,* Dissertation Hamburg 1951.

166 Siehe z.B. Hofmann, W. (Hrsg.): *Ausstellungskatalog* Hamburg, 1977. – Grützmacher, siehe Anm. 156, S. 28.

167 Steiner, R.: *Goethes Weltanschauung*, Berlin 1948, S. 118.

168 Goethe, J. W.: *Naturwissenschaftliche Schriften*, Kürschners Deutsche National-Litteratur, Fotomechanischer Nachdruck der Erstauflage 1883-1897, Dornach 1982, Erster Band, S. 25 f.

169 Steiner, R.: *Menschenerkenntnis und Unterrichtsgestaltung* (sog. «Ergänzungskurs» von 1921), 6. Vortrag vom 17.6.1921, GA 302, Dornach [5]1986.

170 Siehe auch Bockemühl, J. et al.: *Erscheinungsformen des Ätherischen*, Stuttgart 1977. – Marti, E.: *Die vier Äther. Zu Rudolf Steiners Ätherlehre, Elemente – Äther – Bildekräfte*, Stuttgart 1981. – Marti, E.: *Das Ätherische*, Basel 1989.

171 Siehe hierzu folgende Schriften von Aristoteles: *Vom Himmel*, Artemis V, Zürich 1950. *Über den Himmel. Vom Werden und Vergehen* (Hrsg. P. Gohlke), Paderborn 1958. *Meteorologie. Über die Welt* (Hrsg. H. Strohm), Darmstadt 1970. *Physikvorlesung* (Hrsg. E. Grumach), Darmstadt 1967. – Siehe auch Craemer-Rugenberg, I.: *Die Naturphilosophie des Aristoteles*, Freiburg, München 1980.

172 Steiner. Siehe Anm. 169, S. 101.

173 Ebd., S. 102.

174 Frühere Schreibweise: ätherische Öle.

175 Die genannten Stoffe gehen aus der Isoprensynthese der Pflanze durch Polymerisation hervor.

176 Weitere wichtige Zweige der Pollen- und Sporenkunde sind: Feststellung der Verwandtschaftsbeziehungen von Pflanzen (Palynosystematik); Honiganalyse (Melittopalynologie); kriminologische Untersuchungen (forensische Palynologie); medizinische Untersuchungen im Zusammenhang mit Pollenallergie.

177 Vor diesem Hintegrund versteht man vielleicht die außerordentliche Reizwirkung des Blütenstaubes bei Vorliegen einer Allergie besser.

Literatur

Brehms Tierleben: Bd. 27, Zweite von A. Meyer bearbeitete Originalausgabe, S. 156 (dieser Text war R. Steiner bekannt).

Bockemühl et al.: *Erscheinungsformen des Ätherischen.* Stuttgart 1977.

Cammerloker, H.: Javanische Studien II. Kurze Skizzen über Blumenbesuch durch Vögel.

Österr. Bot. Z., Bd. LXXVII, H. 1, 1928, S. 1 - 16.

Darwin, Charles: *The various contrivances by which Orchids are fertilised by Insects.* London 1904 (1. Aufl. 1862).

Darwin, Charles: *Die verschiedenen Einrichtungen, durch welche Orchideen von Insekten befruchtet werden.* Deutsch von J. V. Carus, Stuttgart 1899.

Delpino, F.: Uteriori osservazioni sulla dicogamia nel regno vegetale. I (1868; 1869), II(1870; 1875). *Atti della Soc. Ital. delle Sci. Nat.* 11, 12.

Dobat, Klaus: *Blüten und Fledermäuse.* Frankfurt 1985.

Dürr, H. P.: *Das Netz des Physikers.* dtv, München 1990.

Eisenhut, G.: Blühen, Fruchten und Keimen in der Gattung Tilia. *Flora* 147, S. 43 _ 75, 1959.

Esdorn, J. und Pirson H.: *Die Nutzpflanzen der Tropen und Subtropen in der Weltwirtschaft.* Stuttgart 1973.

Faegri, K. and L. van der Pijl: *The Principles of Pollination Ecology.* Oxford 1973.

Feyerabend, P.: *Wider den Methodenzwang.* 1976.

Franke, W.: *Nutzpflanzenkunde.* Stuttgart 1976.

Göbel, Th.: *Feuererde.* Stuttgart 1976.

Göbel, Th.: Die Metamorphose der Blüte, in: W. Schad (Hrsg.), *Goetheanistische Naturwissenschaft,* Bd. 2, S. 82 ff., Stuttgart 1982.

Gould, S. J.: *Zufall Mensch – Das Wunder des Lebens als Spiel der Natur.* Wien 1991.

Göppel, R.: Umwelterziehung – Katastrophenpädagogik? Moralerziehung? Ökosystemlehre? Oder ästhetische Bildung? *Neue Sammlung X.* 1991, S. 25-38.

Grohmann, G.: *Die Pflanze.* Bd. I, 7. Aufl. Stuttgart 1991; Bd. II, 4. Aufl. Stuttgart 1991.

Hanslick, E.: *Vom musikalisch Schönen.* Breitkopf & Härtel, Wiesbaden 1980.

Heß, D.: *Die Blüte.* Stuttgart 1990.

Kölreuter, G.: *Vorläufige Nachricht von einigen das Geschlecht der Pflanzen betreffenden ersuchen und Beobachtungen.* Leipzig 1761, 1763, 1766, 1769.

Kranich, E. M.: Ein Schlüssel zur Präexistenz. *Die Drei,* 1981, S. 413 ff.

Kranich, E. M.: Über die Beziehung von menschlicher Seele und Pflanzenwelt, in: Bohnsack, F. und Kranich, E. M.: *Erziehungswissenschaft und Waldorfpädagogik.* Weinheim, Basel 1990. Derselbe: *Pflanzen als Bilder der Seelenwelt,* Stuttgart 1993.

Kuhn, Th. S.: *Die Struktur wissenschaftlicher Revolutionen.* Chicago 1962. Frankfurt 1979.

Kullenberg, B.: *Studies in Ophrys Pollination.* Uppsala 1961.

Kullenberg, B. and Bergstrom, G.: The pollination of Ophrys orchids chemistry in botanical classification, *Nobel* 25 (1973) S. 253 - 258.

Kugler, G.: *Blütenökologie.* Stuttgart 1970.

Lengerken, H. v.: *Das Tierreich.* Berlin 1966.

Lersch, Ph.: *Der Aufbau der Person.* München 1970, S. 271.

Meyer-Abich, K. M.: *Aufstand für die Natur.* München 1989.

Müller, H.: *Die Befruchtung der Blumen durch Insekten und die gegenseitige Anpassung beider.* Leipzig 1873. – Derselbe: *Die Alpenblumen, ihre Befruchtung durch Insekten und ihre Anpassung an dieselben.* Leipzig 1881.

Naegeli, C.: *Mechanisch-physiologische Theorie der Abstammungslehre.* München, Leipzig 1884.
Oltmann, O.: Vom Werden des Goetheanismus in der Geistesgeschichte Mitteleuropas. *Die Drei* H. 11/1987, S. 849 - 866.
Pijl, L. van der: Fledermäuse und Blumen, in: *Flora.* Neue Folge 31. Bd., S. 1 - 40, Jena 1936.
Porsch, Otto: Ein neuer Typus Fledermausblumen, in: *Biologia Generalis,* Bd. XV, H. 3/4, 1942, S. 283 - 294.
Porsch, Otto: Eine Nachtsäugetierblume mit fester Blütenlockspeise, in: *Biologia Generalis,* Bd. XIII, 1937, S. 1 - 24.
Porsch, Otto: Säugetiere als Blumenausbeuter und die Frage der Säugetierblume, in: *Biologia Generalis,* Bd. X, Lief. 2, 1934, S. 657 - 685.
Porsch, Otto: Vogelblumenstudien I, in: *Jahrb. wiss. Bot.,* Bd. LXIII, H. 4, 1924, S. 553 - 706.
Porsch, Otto: Vogelblumenstudien II, in: *Jahrb. wiss. Bot.,* Bd. LXX, H. 2, 1929, S. 181 - 277.
Porsch, Otto: Grellrot als Vogelblumenfarbe, in: *Biologia Generalis,* Bd. VII, Lief. 3, 1931, S. 647 - 674.
Porsch, Otto: Der Vogel als Blumenbestäuber, in: *Biologia Generalis,* Bd. IX, H. 2, 1933, S. 239 - 252.
Prostor, M. and P. Yeo: *The Pollination of Flowers.* London 1972.
Raven, P. H., Ray, F. E. and H. Curtis: *Biologie der Pflanzen.* Berlin, New York 1988.
Richard, A. J.: *The Pollination of Flowers by Insects.* Linnean Society Series Nr. 6. London 1978.
Rothacker, E.: *Das «Buch der Natur».* Bonn 1979.
Schad, W.: *Die Vorgeburtlichkeit des Menschen.* Stuttgart.
Sprengel, Ch. K.: *Das entdeckte Geheimnis der Natur im Bau und Befruchtung der Blüten.* 1793
Suchantke, A.: *Der Kontinent der Kolibris.* Stuttgart 1982.
Steiner, R.: *Allgemeine Menschenkunde.* Vortrag vom 3.11.1919, GA 293. Dornach 1975.
Steiner, R.: *Über den Gewinn unserer Anschauungen von Goethes naturwissenschaftlichen Arbeiten durch die Publikationen des Goethe-Archivs.* 1891.
Steiner, R.: *Theosophie.* GA 9, Stuttgart 1962.

Steiner, R.: *Über das Wesen der Bienen.* Vortrag vom 10.12.1923 (»Über die Gallwespe«), Vorträge für die Arbeiter am Goetheanum. Bd. 5, GA 351, Dornach 1988.

Troll, W.: *Organisation und Gestalt im Bereich der Blüte.* Berlin 1928.

Vogel, Stefan: Blütenbiologische Typen als Elemente der Sippengliederung – dargestellt anhand der Flora von Südafrika. *Botanische Studien,* H. 1. Hrsg. Troll, W. und H. von Gutenberg, Jena 1954.

Vogel, Stefan: Ölblumen und ölsammelnde Bienen, in: *Tropische und Subtropische Pflanzenwelt,* 7. Wiesbaden 1974.

Vogel, Stefan: Ölblumen und ölsammelnde Bienen, 2. F., in: *Tropische und Subtropische Pflanzenwelt,* 54. Stuttgart 1986.

Vogel, Stefan: *Duftdrüsen im Dienste der Bestäubung.* Mainz 1963. (Hrsg.: Akademie der Wissenschaften und Literatur. Abh. math.-naturw. Kl. Jg. 1962 Nr. 10).

Weberling, F.: *Morphologie der Blüten und der Blütenstände.* Stuttgart 1981, S. 303.

Welsch, W.: *Ästhetisches Denken.* Stuttgart 1990.

ERNST-MICHAEL KRANICH

Pflanzen als Bilder der Seelenwelt

Skizze einer physiognomischen Naturerkenntnis
196 Seiten, 59 Abbildungen, gebunden mit Schutzumschlag.

Ist es möglich, zur Natur ein Verhältnis zu gewinnen, das über die naturwissenschaftliche Erkenntnisart hinausgeht, ohne deren Klarheit und Sicherheit zu verlieren, und das zugleich eine neue Moralität im Umgang mit ihr zu begründen vermag? Dieser aktuellen Frage geht Ernst-Michael Kranich in seinem Buch nach. Er zeigt an einigen Pflanzen exemplarisch auf, daß die belebte Natur nicht der mechanistische Zusammenhang ist, wie er von der modernen Rationalität analysiert und handhabbar gemacht wird, sondern daß ihre Formen, Farben und Gebärden in der sichtbaren Welt geronnene Erscheinungen sind von etwas, das unsichtbar und in ständigem Auf- und Abfluten in der menschlichen Seele lebt: den Gefühlen. Beeindruckend sind die methodische Klarheit und Transparenz der Darstellung. Der Weg führt zunächst, über eine goetheanistische Betrachtungsweise hinausgehend und sie erweiternd, zu einem «physiognomischen Erkennen» der Pflanzen, das heißt zu dem Gewahrwerden eines Wesenhaften, das sich in ihrer äußeren Erscheinung und ihrer Beziehung zum Kosmos, insbesondere zur Sonne, ausspricht. Mit der gleichen Behutsamkeit wird dann versucht, Regungen der menschlichen Seele so aufzuhellen, daß ihre innere Dynamik ins Bewußtsein tritt. Auf diese Weise entsteht die Anschauung einer Welt, in der Mensch und Natur innerlich zusammengehören.